V

ENQUÊTE

SUR

DIVERS CHEMINS DE FER PROJETÉS

DANS LES DÉPARTEMENTS

DES BOUCHES-DU-RHÔNE, DU GARD ET DE L'HÉRAULT.

PROJETS MIS A L'ENQUÈTE

PAR

LA COMPAGNIE

DE

PARIS A LYON ET A LA MÉDITERRANÉE.

AOÛT 1862

PARIS

IMPRIMERIE ADMINISTRATIVE ET DES CHEMINS DE FER DE PAUL DUPONT.

Rue de Grenelle-Saint-Honoré, 45.

—

1862

I

Exposé préliminaire.

Exposé préliminaire.

C'est à pareille époque de 1861, et au moment de la réunion des Conseils généraux, que la Compagnie des chemins de fer du Midi a produit devant le public ses prétentions à la concession d'une ligne de Cette à Marseille par le littoral de la Méditerranée.

Rien assurément ne pouvait être plus inattendu. Entre Cette et Marseille la circulation des personnes et des marchandises avait paru, jusqu'à ce moment, suffisamment desservie, soit par le chemin de Tarascon à Cette, soit par la voie de mer. Il existe, notamment, pour le trafic direct de Cette à Marseille, un service très-actif de bateaux à vapeur, qui en absorbe la plus grande partie à des conditions avantageuses pour le commerce. Le peu de trafic qui emprunte la voie ferrée jouit également de prix modérés ; et même, si la Compagnie du Midi avait consenti à s'y prêter, les prix par chemin de fer auraient été depuis longtemps sensiblement réduits au moyen de tarifs communs. Le trafic direct a d'ailleurs très-peu d'importance entre Cette et Marseille ; il n'excède pas 100 à 120 voyageurs par jour, et 124,000 tonnes de marchandises par an, dont un tiers par voie de fer et le reste par mer.

Il est vrai, qu'au dire de la Compagnie des chemins de fer du Midi, l'exécution de la ligne littorale ne peut manquer de transformer cet état de choses. Non-seulement le trafic local doit en retirer des développements inattendus, mais le transit international particulièrement ne saurait manquer d'abandonner ses anciens itinéraires au profit d'une nouvelle ligne de Bordeaux à Marseille. Tous les hommes pratiques savent à quoi s'en tenir sur la possibilité de semblables détournements ; mais, en admettant que ces espérances reposent sur l'exécution de la ligne littorale, comment expliquer cette révélation soudaine d'une nécessité dont, ni le pays, ni la Compagnie des chemins de fer du Midi elle-même, ne semblaient avoir eu conscience jusqu'à ce moment ? Jusqu'à

1861, en effet, la Compagnie du Midi n'a cessé, dans ses nombreuses publications, de faire valoir les avantages inhérents à sa concession actuelle. Il lui suffisait amplement alors des ports de Cette et de Port-Vendres, pour attirer sur ses rails le trafic qui emprunte le détroit de Gibraltar. Elle démontrait avec beaucoup de logique qu'il importait par-dessus tout au transit international d'atteindre le port le plus prochain sur la Méditerranée. Or, prolonger jusqu'à Marseille le transit de l'Océan sur la Méditerranée, et réciproquement, c'est évidemment grever ce transit d'un allongement et d'une dépense très-considérables ; c'est aller contre le but proposé.

Il faut donc chercher ailleurs le mobile qui poussait la Compagnie du Midi à prolonger sa propre ligne jusqu'à Marseille. Or, il n'y a pas à se méprendre sur le but qu'elle se propose : — fortifier et agrandir, aux dépens de la Compagnie des Chemins de fer de Paris à Lyon et à la Méditerranée, la situation privilégiée qu'elle a réussi à s'assurer par la double possession du chemin de fer et des canaux.

Suivant le point de vue auquel on se place, cette ambition de la Compagnie du Midi pourrait paraître naturelle, si elle ne devait pas s'exercer aux dépens d'intérêts plus essentiels, ou mieux justifiés.

Mais telle n'est pas la situation, bien s'en faut !

A ne parler que de ce qui nous concerne, nous avions assurément le droit de considérer comme un acte d'agression directe cet empiétement de la Compagnie du Midi sur une région desservie par notre réseau méridional.

Que la Compagnie du Midi n'ait pas reculé devant cet acte d'agression, sans précédent entre Compagnies, ce n'est pas là précisément ce qui nous étonne ; mais au moins aurait-il fallu pouvoir s'autoriser de quelque prétexte plausible ! Or, rien, dans la situation de la Compagnie du Midi, n'explique ni n'excuse ce besoin d'agrandissement aux dépens des réseaux auxquels elle confine.

La Compagnie du Midi a déjà su obtenir bien des avantages qui lui sont particuliers. Par une exception restée unique, il lui a été permis de s'emparer entièrement de la voie navigable qui double, d'un bout à l'autre, sa ligne principale.

Par une autre exception (que la Compagnie de l'Ouest a seule partagée), une subvention considérable lui a été accordée en 1858, afin d'alléger d'autant la charge des lignes de son nouveau réseau. A ces deux points de vue, sa condition est vraiment privilégiée. Mais, de plus, sa situation est prospère, son trafic florissant, ses recettes croissantes, ses dividendes considérables, ses actions recherchées. Il devrait y avoir, dans un tel ensemble de faits, de quoi satisfaire une ambition qui serait modérée.

La Compagnie de Paris à Lyon et à la Méditerranée ne pouvait donc se montrer indifférente à l'empiétement dont elle se voyait si soudainement l'objet. Non-seulement le projet de chemin littoral s'établissait en plein dans le centre même de son réseau méridional, mais, chose encore plus grave, il était le symptôme d'un système général d'envahissement, qui, s'il venait à prévaloir une première fois, ne pourrait manquer de recevoir de nouvelles applications.

Le présent et l'avenir se trouvaient donc également menacés. On venait jeter l'inquiétude et le trouble dans les intérêts si considérables et si divers, qui se groupent autour de notre Compagnie ; tout nous faisait une loi de résister énergiquement.

Certes, nous admettons que l'on puisse nous demander le sacrifice de nos propres intérêts, lorsqu'il s'agit d'une de ces mesures que dictent et imposent, pour ainsi dire, de grandes considérations d'intérêt général..... Mais est-ce bien le cas ?

Qu'est-ce donc en elle-même que cette ligne littorale, tant prônée, il est vrai, mais si peu sérieusement discutée jusqu'ici devant le public ?—Inutile et défectueuse à la fois, son unique mérite est de répondre à un intérêt vague et mal défini d'abréviation.

Sans nier, qu'en thèse générale, la question d'abréviation ait son importance dans le choix d'un tracé, personne ne contestera que cet avantage ne saurait suffire, et qu'il est indispensable de le compléter par l'ensemble des conditions qui différencient une bonne ligne d'une mauvaise.

Le but que nous nous sommes proposé, dans l'étude des projets que nous soumettons actuellement à l'enquête, a été de réunir et d'équilibrer, autant que possible, cet ensemble de conditions. Le travail que nous publions contient la description de ces projets, en les comparant d'ailleurs au projet de ligne littorale. Les conditions à discuter, les objections à combattre, les avantages à signaler, trouveront leur place dans ce travail. Mais il est toutefois un point préliminaire sur lequel nous croyons devoir nous expliquer avant d'aller plus loin.

Les projets que nous soumettons à l'enquête ne sauraient être sérieusement critiqués (nous le croyons du moins), au point de vue de l'avantage que les départements du Midi doivent en retirer. Mais on a voulu nous refuser le mérite de l'initiative. On nous a dit : — Vous n'arrivez qu'à la suite de la Compagnie concurrente, et, sans le projet de ligne littorale, le pays aurait pu attendre longtemps encore les améliorations que vous lui prodiguez aujourd'hui à pleines mains.

Que le projet de ligne littorale nous ait fourni l'occasion et l'à-propos ; qu'il ait hâté, dans une certaine mesure, la présentation de projets mis depuis longtemps à l'étude, et dont quelques-uns avaient même déjà donné lieu à d'actives négociations, nous n'avons pas à nous en défendre; et l'objection, si elle se reproduit, aurait peu de portée. Nous ne pouvions méconnaître que la ligne directe, par cela seul qu'elle était proposée, devait susciter des espérances d'autant plus vives que la certitude du succès avait été plus hautement affichée. Dès lors, il était de notre devoir de donner satisfaction à ces espérances dans la mesure du possible et du raisonnable.

Il importait d'ailleurs de bien démontrer combien était superflue, au point de vue des intérêts généraux, cette intervention de la Compagnie du Midi sur le territoire desservi par notre réseau. — Personne n'a le droit d'accuser notre Compagnie d'éluder des obligations qui grandissent, elle le reconnaît, en proportion de sa prospérité, et pour lesquelles elle n'a nul besoin des excitations de la Compagnie du Midi.

Nous admettrons donc, si on y tient, que la tentative de la Compagnie du Midi ait pu donner à nos projets un caractère d'opportunité et même d'urgence qui ne nous permettait pas d'en différer la production. Nous admettrons encore que le choc des contradictions ait pu jeter de nouvelles clartés sur des questions si compliquées, et qui touchaient à des intérêts souvent opposés. Cela importe bien peu au fonds du débat. Nous n'en venons pas moins, en toute confiance, inviter le pays à manifester ses préférences, et à prononcer son option entre le projet de ligne littorale et l'ensemble de lignes que nous lui substituons.

Nous nous étions flattés, et cet aveu ne nous coûte point, d'éviter ce débat public, qui ne peut que prolonger une agitation regrettable, et susciter de nouvelles récriminations. Personne n'ignore, en effet, que nos projets ont déjà subi une double épreuve, et que cette épreuve leur a été favorable. Le Conseil général des ponts et chaussées et le Comité supérieur des chemins de fer se sont, sur tous les points, prononcés en faveur de nos tracés. Le Gouvernement, par des motifs d'un ordre supérieur à nos appréciations, n'a pas jugé que ce fût assez de cette instruction, renfermée jusqu'ici dans le domaine administratif; il veut que l'instruction se poursuive devant le pays lui-même. Nous acceptons avec pleine confiance les nouveaux juges qui nous sont assignés. Cette discussion publique ne saurait avoir d'autre résultat que de mettre en lumière, aux yeux de tous, les avantages qui doivent assurer aux projets que nous soumettons à l'enquête, une préférence raisonnée sur ceux de la Compagnie du Midi.

La Compagnie de Paris à Lyon et à la Méditerranée soumet à l'enquête les projets suivants :

1° Ligne de jonction de Lunel à Arles ;

2° Embranchement du Pas-des-Lanciers sur Bouc et Martigues;

3° Seconde ligne de Marseille à Aix, indépendante du souterrain de la Nerthe;

4° Établissement d'une gare spéciale de marchandises à la station de l'Estaque (territoire de Marseille), avec raccordement desservant les ports de Marseille ;

5° Établissement d'une nouvelle gare à Marseille, desservant les quartiers méridionaux.

Nous nous proposons d'examiner ces divers projets, soit en eux-mêmes, soit par rapport à la ligne littorale proposée par la Compagnie du Midi.

Nous consacrerons ensuite une discussion spéciale à deux questions qui nous ont paru mériter un examen particulier, savoir :

Utilité prétendue d'une exploitation unique et indépendante entre Bordeaux et Marseille;

2.

Question du monopole et de la concurrence.

Les questions relatives aux chemins de fer de l'Aveyron, du Gard et de l'Ardèche, feront également l'objet d'un exposé spécial.

Enfin, nous concluerons, en signalant, au point de vue des principes et des intérêts généraux, les dangers de l'agression tentée contre notre réseau par la Compagnie des chemins de fer du Midi.

II

Projets mis à l'Enquête.

Projets mis à l'Enquête.

§ 1er.

Ligne de Lunel à Arles.

Nos lignes actuelles de la rive droite du Rhône ont été tracées à l'origine, et successivement exécutées, de manière : 1° à relier entre elles les villes principales de l'Hérault et du Gard : Cette, Montpellier, Nîmes, Lunel, Beaucaire, Alais et son bassin houiller, etc.; 2° à mettre ces centres importants en communication aussi directe que possible avec la grande ligne de Lyon à Marseille. — Au point de vue des relations du Languedoc avec le Nord et avec l'Est, la direction des lignes actuelles réunit les conditions essentielles ; mais, au point de vue de la direction sur Marseille, le tracé décrit un arc de cercle et fait un détour qui occasionne un certain prolongement de parcours. L'embranchement proposé par nous, de Lunel à Arles, corrige ce détour, et présente par rapport au parcours actuel une abréviation de 25 kilomètres.

Mais ce n'est pas là son unique avantage.

L'embranchement de Lunel à Arles traverse une région très-peuplée et les plus riches vignobles du Gard, et crée un accès direct sur le delta de la Camargue.

L'embranchement nécessite un viaduc sur le Rhône; mais ce viaduc, établi au point d'intersection entre la navigation fluviale et la navigation maritime, présente le grand avantage (et cet avantage lui est particulier) de ne contrarier ni l'une ni l'autre navigation.

Enfin, l'embranchement favorise les relations directes entre le bas Languedoc d'une part, et les villes d'Arles, d'Aix et la vallée de la Durance de l'autre.

La longueur de l'embranchement de Lunel à Arles est de 42 kilomètres ; la dépense est évaluée à 12 millions.

§ 2.

Embranchement du Pas-des-Lanciers sur Bouc et Martigues.

Cet embranchement a pour objet de rattacher à la ligne principale, et de rapprocher de Marseille, la petite ville de Martigues, le port de Bouc et les Salins qui environnent ces localités. La longueur de l'embranchement est de 23 kilomètres, et la dépense de 4 millions et demi.

Nous avions offert, en outre, de prolonger cet embranchement, et de le rattacher, à Saint-Gilles, à la ligne de Lunel à Arles. Dans ce cas, les tronçons réunis de Lunel à Saint-Gilles, de Saint-Gilles à Bouc, et de Bouc au Pas-des-Lanciers, auraient constitué une seconde ligne complète de Cette et Montpellier sur Marseille.

Mais le Conseil général des ponts et chaussées et le Comité consultatif des chemins de fer ont fait à ce projet une objection qui a paru capitale : — la ligne de Saint-Gilles à Bouc aurait nécessité l'exécution d'un viaduc sur le bas Rhône, c'est-à-dire sur la partie du fleuve accessible à la navigation maritime. On a craint que la construction d'un viaduc, sur ce point, ne fût de nature à entraver la navigation du bas Rhône. Le département des travaux publics nous a paru s'associer à cette objection, dont il est impossible en effet de méconnaître la gravité. Nous n'avons pu dès lors que nous abstenir.

Mais nous devons faire remarquer, dès ce moment, que la même objection s'applique à *fortiori* au projet de ligne littorale dont le viaduc serait établi sur un point encore plus rapproché des embouchures du Rhône.

§ 3.

Ligne de Marseille à Aix. — Variantes.

La circulation entre la ville d'Aix et Marseille est actuellement desservie,
— de Marseille à Rognac, par la ligne principale; — de Rognac à Aix, par
un embranchement détaché de la ligne principale et passant par Roquefavour
et les Milles.

Cet embranchement dessert convenablement Aix et ses au delà, dans la
direction vers l'ouest et vers le nord; mais la distance entre Aix et Marseille
est, par cette ligne, de 53 kilomètres, tandis que la distance réelle et à vol
d'oiseau n'est que de 30 kilomètres entre les deux villes. Le parcours se
trouve donc considérablement allongé par l'embranchement. Aussi l'établissement d'une ligne directe a-t-il été bien souvent et bien vivement réclamé
par la ville d'Aix.

D'autre part, il est depuis longtemps question de desservir, par un
embranchement spécial, le riche bassin de lignites de Fuveau. Cet embranchement se détacherait, à Aubagne, de la ligne de Marseille à Toulon; il
se dirigerait, à partir d'Aubagne et par la vallée de l'Huveaune, sur Fuveau,
et pourrait ensuite, sans de grandes difficultés, être continué par la vallée de
l'Arc jusqu'à Aix; dans l'hypothèse de ce prolongement, l'embranchement de
Fuveau deviendrait seconde ligne sur Aix.

Ces deux projets mettent en présence deux intérêts malheureusement bien
difficiles à concilier :

1° Communications directes entre Marseille et Aix;

2° Communications du bassin houiller de Fuveau avec Marseille, Aix et
Toulon.

La Compagnie de la Méditerranée ne s'est pas crue autorisée à faire un
choix exclusif entre ces deux intérêts. Elle a étudié deux projets sur lesquels
devra porter l'option des populations et du Gouvernement, et que nous allons
analyser sommairement.

1° *Ligne directe de Marseille à Aix.*

Le tracé se détache de la grande ligne de Marseille à 3 kilomètres de la gare, franchit, au moyen d'une rampe de 15 millièmes, la chaîne de l'Etoile, au col du Pin, et va se raccorder avec la ligne actuelle de Rognac à Aix, à la station *des Milles*.

La distance totale de Marseille à Aix, par cette direction, serait de 37 kilomètres, dont 9 construits et 28 à construire ; la dépense est estimée 9 millions et demi.

Ce projet est susceptible d'une variante qui a été également étudiée par nous :

A partir du col du Pin, la variante, au lieu de se diriger sur *les Milles*, pour y emprunter l'embranchement de Rognac, s'infléchit vers l'est, touche *Gardanne*, et arrive à Aix par la vallée de l'Arc, en empruntant, dans cette partie du parcours, le même tracé que la ligne d'Aubagne à Aix par Fuveau.

La distance totale de Marseille à Aix par Gardanne est de 41 kilomètres, dont 38 à construire. — La dépense est de 14 millions.

Des deux tracés par *les Milles* et par *Gardanne*, le premier est donc préférable comme longueur et comme dépense ; mais le tracé par Gardanne se rapproche du bassin houiller de Fuveau, qu'il dessert d'ailleurs imparfaitement.

2° *Ligne de Marseille à Aix, par Aubagne et Fuveau.*

Ce tracé, ainsi que nous l'avons indiqué tout à l'heure, emprunte, au sortir de Marseille, la ligne de Toulon, et s'en détache à Aubagne, pour se diriger sur le bassin houiller de Fuveau, par la vallée de l'Huveaune. — En poursuivant sa marche vers le nord, cet embranchement rejoindrait Aix par la vallée de l'Arc. — Par ce moyen, les mines de Fuveau se trouveraient en communication immédiate : 1° avec Marseille, — 2° avec Toulon, — 3° avec Aix.

La dépense de l'embranchement est évaluée à 15 millions.

Au point de vue de l'intérêt minier, ce tracé dessert non-seulement la vallée de l'Huveaune et le bassin houiller de Fuveau, mais encore il rend possible l'exécution future d'un embranchement sur les mines de lignites de **Tretz.**

L'embranchement de Tretz pourrait être prolongé plus tard sur **Saint-Maximin,** et rejoindre, par la vallée de l'Argens, la ligne de Toulon à Nice.

Ce dernier avantage est du reste commun à l'embranchement de Fuveau et à la ligne directe de Marseille à Aix par Gardanne, qui pourrait également être rattachée à Tretz et à Saint-Maximin, et former ainsi une seconde ligne d'Aix sur Toulon et Nice, indépendante de Marseille.

Au point de vue des pentes, les tracés par le col du Pin et par Fuveau sont à peu près dans les mêmes conditions, et présentent tous des rampes longues et multipliées qui atteignent jusqu'à 15 millièmes par mètre. Sous ce rapport la ligne actuelle, pratiquement de niveau sur la presque totalité de son parcours et dont les rampes n'atteignent 8 millièmes que dans le très-court trajet des Milles à Aix, se trouve dans de bien meilleures conditions.

Ce sont là tout autant de considérations d'une importance majeure, et entre lesquelles le choix devient difficile.

La Compagnie, nous le répétons, ne croit pas pouvoir se prononcer; mais elle se déclare prête à exécuter celui des tracés sur lequel portera le choix du Gouvernement.

Après avoir examiné ces projets en eux-mêmes, et signalé les avantages et les inconvénients qui rendent l'option si difficile, il nous importe de faire ressortir le caractère qui leur est commun.

Quel que soit le tracé adopté, le chemin qui sera exécuté entre **Marseille et Aix** formera, dans la direction de Marseille sur le nord, une seconde tête de ligne **entièrement indépendante du souterrain de la Nerthe.**

De Marseille à Aix, la voie actuelle se trouvera doublée.

A partir d'Aix, et jusqu'à Avignon, elle sera triplée :

1° Par la ligne actuelle d'Aix, Rognac, Arles, Tarascon, Avignon ;

2° Par Aix, Rognac, Miramas, Salon, Orgon, Avignon ;

3

3° Par Aix, Perthuis et la vallée de la Durance.

Ces deux dernières communications sont concédées, et leur exécution est prochaine.

Il nous paraîtrait superflu d'insister longtemps sur les avantages de cette combinaison, sur laquelle nous aurons du reste l'occasion de revenir dans la suite de cet exposé.

§ 4.

Gare de l'Estaque, et raccordement de cette gare avec les voies ferrées desservant les ports de Marseille.

Le port de la Joliette, et les ports à la suite (bassins du Lazaret, d'Arenc, Napoléon et grand bassin Impérial), actuellement en cours d'exécution ou dont l'exécution est décidée, s'étendent sur le littoral ouest du territoire de Marseille, et se rapprochent beaucoup de la station actuelle de l'Estaque, établie elle-même à très-peu de distance du rivage de la mer. Cette gare, qui est en ce moment une simple station de banlieue, peut aisément être agrandie, et il est également facile de la relier aux nouveaux ports, au moyen d'un embranchement spécial dont les rails seraient mis en communication avec le système de voies ferrées établi sur les quais.

La gare de l'Estaque, ainsi agrandie et reliée aux nouveaux ports par un embranchement particulier, dégagera les gares actuelles de Saint-Charles et de la Joliette, et assurera au commerce, indépendamment de beaucoup d'autres facilités, une économie de parcours qui n'est pas sans importance, (7 à 8 kilomètres).

Bien que la longueur de l'embranchement ne soit que de 7 kilomètres, la dépense du projet, à raison du prix élevé des terrains, est évaluée à 5 millions.

§ 5.

Établissement d'une gare desservant les quartiers méridionaux de Marseille.

La gare actuelle de Marseille, ainsi que son annexe de la Joliette, sont

toutes deux situées au nord de la ville. Il en sera de même de la gare pro-
jetée à l'Estaque, qui, comme la gare de la Joliette, sera d'ailleurs exclusi-
ment affectée au service des marchandises. Ainsi, dans l'état actuel des
choses, la partie méridionale de la ville, depuis longtemps préférée par la
classe aisée, et où existent en grand nombre des établissements industriels et
des entrepôts d'une grande importance, se trouve dans une situation d'infériorité pour l'usage du chemin de fer, qu'elle ne peut aborder que par des
voies longues et dispendieuses. Il sera donc extrêmement avantageux pour
cette partie de la ville, de mettre à sa portée une nouvelle gare, se reliant
elle-même à la gare principale par un embranchement particulier, lequel
constituera ainsi une sorte de chemin de ceinture.

La Compagnie ne se dissimule pas que cette nouvelle gare, nécessairement
établie sur des terrains d'une grande valeur, entraînera pour elle des sacrifices très-onéreux ; mais elle ne reculera pas devant ces sacrifices, si la né-
sité d'une gare méridionale doit ressortir de l'enquête à laquelle il va être
procédé.

La désignation de l'emplacement touche à beaucoup d'intérêts locaux, et
amènera certainement de nombreuses compétitions. La difficulté de faire
un choix impose donc une très-grande réserve à la Compagnie, qui a dû se
borner à étudier, très-hâtivement d'ailleurs, plusieurs variantes, entre
lesquelles la Commission d'enquête est appelée à se prononcer.

Au point de vue du raccordement avec la ligne principale, l'embranchement, quel que soit l'emplacement adopté pour la gare méridionale, viendra,
dans toutes les hypothèses, se souder à la ligne de Marseille à Toulon, et pourra
devenir tête de la ligne d'Italie.

La longueur de l'embranchement variera entre 2,000 et 4,000 mètres.

La dépense de la gare et de l'embranchement pourra aussi varier entre 7
et 10 millions.

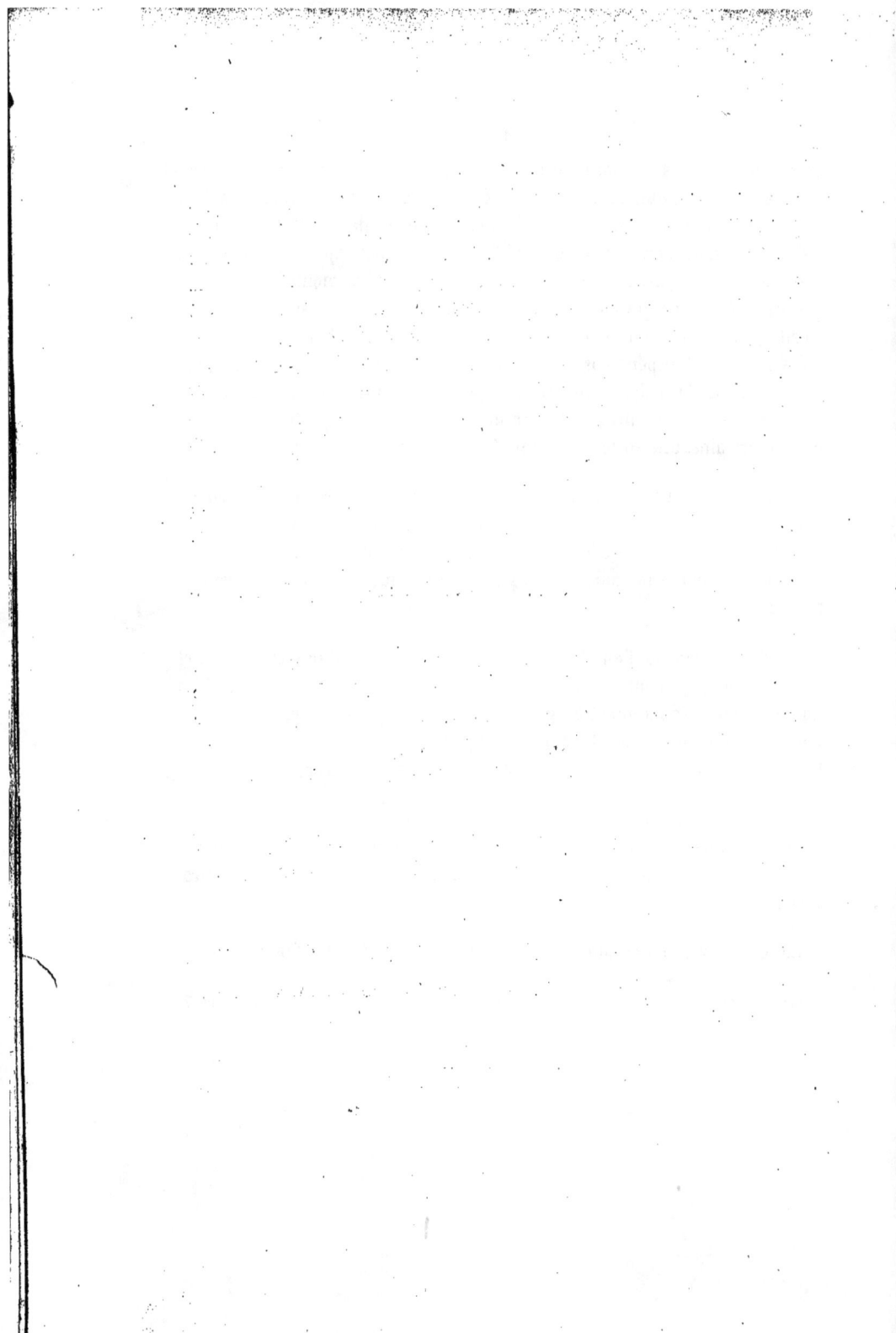

III

COMPARAISON

entre les projets proposés par la Compagnie de Paris à Lyon et à la Méditerranée, et la ligne littorale proposée par la Compagnie du Midi.

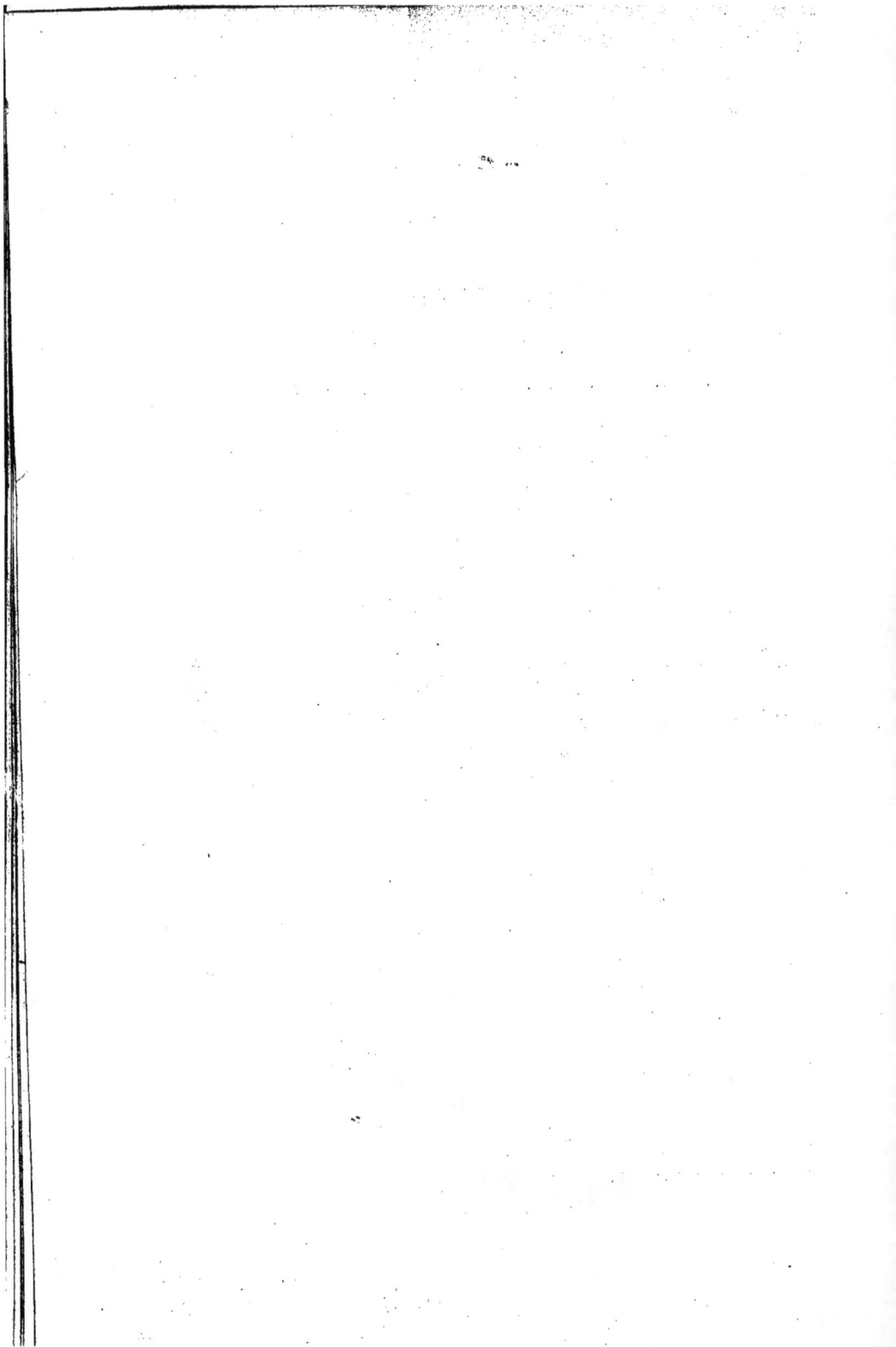

COMPARAISON

**entre les projets présentés par la Compagnie de Paris-Lyon-Méditerranée
et la ligne littorale proposée par la Compagnie du Midi.**

---

§ 1er.

Abréviation.

L'avantage capital invoqué en faveur de la ligne littorale de Cette à Marseille consiste dans une abréviation de 45 kilomètres sur le détour actuel par Montpellier, Nimes, Tarascon et Arles.

Mais, en présence des projets que la Compagnie de la Méditerranée soumet à l'enquête, ce ne sont point les lignes *existantes* qui doivent servir de point de comparaison avec la ligne littorale; la comparaison doit s'établir avec les lignes *nouvelles* dont la concession est demandée.

Or, au moyen de l'embranchement projeté de Lunel à Arles, la différence n'est plus de 45 kilomètres; elle est réduite à 20 kilomètres, et même au moyen de l'embranchement de l'Estaque, elle se réduit à 15 kilomètres pour le trafic maritime.

Pour un trafic aussi peu important que celui qui existe entre Cette et Marseille, cette différence de 15 kilomètres est insignifiante. On verra plus tard que nous offrons une réduction de tarif qui, au point de vue du prix des transports, établira une égalité absolue entre notre tracé et celui de la ligne littorale.

Ajoutons que l'abréviation résultant de la ligne directe n'existe que dans la direction de Cette sur Marseille. La direction de Cette sur le nord n'est en rien desservie par la ligne littorale, qui n'apporte, sous ce rapport, aucune modification à l'état actuel des choses. Dans la direction sur l'est, tout l'avantage est pour l'embranchement de Lunel à Arles.

Dans la direction de Rodez sur Marseille, l'avantage est également pour l'embranchement de Lunel à Arles, qui, comparé à la ligne littorale, procure aux bassins houillers de l'Aveyron, ainsi qu'aux populations et aux industries des Cévennes, une abréviation de 45 kilomètres.

Mais l'abréviation est loin d'être la condition absolument déterminante dans le choix d'un tracé. — La dépense, la nature du sol, les obstacles à éviter, l'importance des territoires traversés, les industries à desservir ou à ménager, sont les considérations dominantes. — Or, il nous sera facile de démontrer, à ces divers points de vue, l'infériorité de la ligne directe.

§ 2.

Dépense.

La ligne directe de Cette à Marseille est évaluée par la Compagnie du Midi à 48 millions ; mais nous avons établi devant le Conseil général des ponts et chaussées que cette dépense ne serait pas inférieure à 70 millions.

De notre côté, l'embranchement de Lunel à Arles est évalué 12 millions ; celui du Pas-des-Lanciers à Bouc 5 millions : en tout 17 millions.

Dès lors, si les embranchements de Lunel à Arles et de Bouc au Pas-des-Lanciers sont adoptés de préférence à la ligne littorale, l'économie obtenue ne sera pas de moins de cinquante millions.

Nous sommes autorisés à ne pas faire entrer en ligne de compte dans cette comparaison :

1° La dépense de l'embranchement et de la gare de l'Estaque ;

2° Celle de la gare méridionale de Marseille ;

3° La ligne de Marseille à Aix.

Ces derniers projets répondent à des besoins et à des intérêts sur lesque ls la ligne littorale de Cette à Marseille ne peut exercer aucune influence. La dépense qui leur est propre ne saurait donc fournir aucun élément de comparaison avec le projet de la Compagnie du Midi.

§ 3.

Difficultés inhérentes à la nature du sol parcouru.

Dans la plus grande partie de son parcours, la ligne littorale s'établit sur un terrain submersible par les crues du Rhône. Elle est coupée par de nombreux ponts tournants qui en rendraient l'exploitation difficile et dangereuse.

Pour franchir la chaîne de l'Estaque, elle est obligée de gravir des rampes de 10 millimètres.

Aucune de ces critiques n'est applicable aux lignes proposées par la Compagnie de Paris à Lyon et à la Méditerranée, qui s'établissent partout sur un fonds solide, et dont les rampes maxima n'excèdent pas 2 millimètres et demi.

§ 4.

Obstacles apportés à la navigation du Rhône.

On sait que la ligne littorale entraîne la construction sur le bas Rhône, et au plus près des embouchures, d'un grand viaduc, susceptible d'obstruer la navigation maritime.

Jusqu'à ce jour le Gouvernement n'a jamais, que nous sachions, autorisé l'établissement d'un ouvrage de ce genre sur un fleuve accessible à la navigation maritime.

Il nous paraîtrait superflu d'insister longuement sur un aussi grave inconvénient. Ainsi qu'on l'a vu plus haut, les dangers résultant de l'existence d'un viaduc sur le bas Rhône sont la considération déterminante qui a fait écarter notre embranchement de Saint-Gilles à Bouc. Or l'avis exprimé à cet égard par le Conseil général des ponts et chaussées et par le Comité supérieur des chemins de fer ne s'appliquait pas seulement à l'embranchement de Saint-Gilles, il s'appliquait également au tracé de la ligne littorale.

4

Les objections nautiques tirées de l'existence du viaduc n'ont encore été l'objet jusqu'ici d'aucune réfutation de la part de la Compagnie du Midi. Si, comme cela nous paraît inévitable, les hommes pratiques et spéciaux sont consultés, leur opinion négative ne nous paraît pas douteuse.

§ 5.

Territoires traversés. — Localités. — Industries desservies.

De Cette à Marseille, la ligne littorale ne rencontre que les deux villes d'Aigues-Mortes et de Martigues, et le petit port de Bouc; partout ailleurs la ligne s'établit dans un pays malsain, inhabité, inhabitable. A partir de Martigues, elle rencontre les rochers arides et déserts de la chaîne de l'Estaque; partout la solitude et l'infertilité les plus absolues.

Aigues-Mortes, Bouc et Martigues sont donc les seules localités qui aient quelque chose à espérer de la ligne littorale.

Sous ce rapport encore, nos projets sont de tout point préférables :

L'embranchement de Lunel à Arles s'établit dans la partie peuplée, riche et industrieuse du département du Gard.

Aigues-Mortes, qui n'a aucun intérêt à se mettre en rapport direct avec Marseille, mais qui en a beaucoup à se rattacher au réseau de la Méditerranée dans la direction du nord, recevra pleine satisfaction au moyen d'un embranchement spécial sur Lunel. Cet embranchement allait nous être concédé, lorsque les négociations ont été suspendues par la présentation de la ligne littorale. Il s'agit donc aujourd'hui de décider ce qui convient le mieux à Aigues-Mortes, de la ligne littorale ou d'un embranchement sur Lunel. Nous croyons pouvoir affirmer que ses préférences sont pour l'embranchement.

Le **Port** de **Bouc** et la petite ville de **Martigues** sont dans une situation analogue. L'importance de ces deux localités tient principalement aux salins et aux établissements industriels qui les avoisinent. Or ces industries ont le plus grand intérêt à se relier, par la voie la plus directe, avec le point le plus rapproché de notre ligne principale. Les produits de ces localités s'expédiant dans toutes les directions, l'embranchement du Pas-des-Lanciers est pour elles la meilleure solution.

Au point de vue de leurs relations directes avec Marseille, Martigues et Bouc se trouvant, par l'embranchement du Pas-des-Lanciers, à une heure environ de Marseille, ne peuvent rien souhaiter de plus satisfaisant.

La ligne littorale les placerait à une distance égale de Marseille, mais les éloignerait de toutes les autres directions.

On a également beaucoup fait valoir, dans l'intérêt de la ligne littorale, les services qu'elle pourrait rendre à la **Camargue**. Mais, à ce point de vue encore, l'embranchement de Lunel à Arles ne peut manquer d'être préféré. La ligne littorale traverse la Camargue dans sa partie méridionale ; or ce n'est pas par le midi, c'est par le nord du delta, que la Camargue peut et doit être abordée. L'assainissement et le défrichement de cette intéressante contrée ne peuvent être entrepris que de proche en proche, et en descendant du nord au sud. Ce qui importe à la Camargue, ce sont ses relations avec **Arles** et non avec les **Saintes-Maries**.

§ 6.

Dégagement du souterrain de la Nerthe.

Les défenseurs du projet de ligne littorale ont fait valoir avec une grande insistance l'argument tiré de la nécessité de dégager le souterrain de la Nerthe. Ils disent : — Un accident qu'il est permis de prévoir dans le souterrain de la Nerthe arrêterait le service de la Compagnie de la Méditerranée. — L'exploitation de cette Compagnie a déjà souffert d'un encombrement momentané. Cet encombrement se reproduira nécessairement. — Or, la ligne littorale pourvoit à ce double inconvénient, en ouvrant une seconde issue, indépendante, à la fois, du souterrain de la Nerthe et de la Compagnie de la Méditerranée.

Étrange correctif, on en conviendra, que celui qui consiste à diriger sur Cette, et par conséquent, sur l'Ouest, tout le trafic de la ligne de **Marseille** sur le Nord, et du Nord sur Marseille.

Nous nous sommes expliqués ailleurs sur l'éventualité d'un accident dans le souterrain de la Nerthe : — S'il s'agit d'un accident de train, l'interruption pourrait être de quelques heures ; — S'il s'agit d'un éboulement, la nature du sol, éprouvée par une expérience de douze années, donne toute sécurité à cet égard.

Reste, il est vrai, un encombrement possible, résultant d'un embarras momentané de l'exploitation sur la ligne principale. On a fait grand bruit, à cet égard, de ce qui s'est passé en novembre 1861. A cette époque, la Compagnie a dû fermer pendant quelques jours un certain nombre de gares du Languedoc affectées aux expéditions de vins. Mais on n'a garde de faire remarquer que cette interruption avait eu pour unique cause la nécessité de favoriser les expéditions de blés. Il a fallu, dans cette circonstance, faire à quelques expéditions de vins une sorte de passe-droit momentané, très-suffisamment justifié d'ailleurs par un grand intérêt public. Notons qu'aucun expéditeur de vins n'en a reçu le moindre préjudice, puisque la gare de Bercy, sur laquelle se dirigeaient à peu près exclusivement les expéditions du Languedoc, restait encombrée de vins que les destinataires étaient hors d'état de faire enlever. Or, ce sont là assurément des circonstances anormales, et dont on ne saurait tirer aucune conséquence. Les mêmes résultats se reproduiront nécessairement *aussi bien avec deux lignes qu'avec une seule,* toutes les fois que l'encombrement résultera du défaut d'enlèvement *à la gare d'arrivée.*

On nous pardonnera cette digression rétrospective sur un fait sans signification sérieuse, mais dont les défenseurs de la Compagnie du Midi ont tant abusé dans la discussion. Hâtons-nous d'ajouter d'ailleurs que cette question a aujourd'hui perdu toute importance, puisque nous venons nous-mêmes proposer une seconde issue **indépendante du souterrain de la Nerthe,** sans insister davantage sur son utilité plus ou moins constatée.

Prenons donc les choses telles qu'on les présente, et tenons pour aussi sérieux qu'on veut bien le dire les dangers que l'on évoque. Les défenseurs de la ligne littorale n'y gagneront rien.

Que faut-il, en effet, pour dégager la Nerthe, et créer une ligne auxiliaire, en vue de l'encombrement éventuel de la ligne principale ?

Il faut évidemment que cette ligne auxiliaire réunisse deux conditions : — 1° qu'elle soit dans les mêmes mains que la ligne principale; — 2° qu'elle soit établie dans la même direction que le courant principal du trafic.

Dès lors, si l'on se préoccupe d'une interruption ou d'un encombrement possible dans le service de la Compagnie de la Méditerranée, la première condition à remplir, c'est que cette Compagnie puisse librement, et suivant les besoins de son exploitation, diriger ses trains et son matériel sur l'une ou l'autre ligne.

Placer la voie principale et la voie auxiliaire dans les mains de deux Compagnies indépendantes l'une de l'autre, et desservant des trafics différents, serait au contraire le plus inconséquent et le plus inutile des expédients.

On ne saurait donc présenter sérieusement un détour sur Cette par une ligne transversale comme un moyen de dégager Marseille et la ligne principale. — Supposons la ligne littorale ouverte en novembre 1861, quelle aurait pu être son utilité au point de vue de l'encombrement des blés dirigés vers l'intérieur? — La seule, la vraie solution est donc dans l'établissement de l'une des deux lignes de Marseille à Aix. C'est là qu'est la déviation efficace, en cas d'accident dans le souterrain de la Nerthe, ou d'encombrement de la ligne principale.

La ligne auxiliaire, placée à l'est de la chaîne de la Nerthe a, en outre, ce grand avantage de favoriser une région riche, populeuse, industrielle, que les lignes actuelles ont forcément négligée. Jusqu'ici, par suite de la direction que la Compagnie du Midi a réussi à imprimer à l'agitation locale, on pourrait croire que la création d'une seconde ligne n'intéresse que les départements situés à l'ouest du Rhône. — Et cependant les départements du sud-est (Bouches-du-Rhône, Var, Vaucluse, Hautes et Basses-Alpes, etc.) ont dans cette question, au point de vue régional, des intérêts d'une bien autre importance. Il suffit, pour s'en convaincre, de jeter les yeux sur une carte, et il nous paraîtrait superflu d'insister longuement sur ce point. Nous laissons à ces contrées le soin de manifester et de défendre leurs intérêts. Nous avons indiqué les côtés généraux de la question; il appartient au pays lui-même de compléter la démonstration.

§ 7.

Abords de la ville de Marseille. — Création d'une gare méridionale.

La Compagnie du Midi ne peut aborder le territoire de Marseille que par le nord-ouest. Après avoir péniblement franchi les masses rocheuses qui ferment de ce côté la banlieue de Marseille, sa ligne débouche dans un espace resserré entre notre propre chemin de fer et le rivage de la mer.

En arrivant à Marseille, le tracé de ligne littorale rencontre des terrains auxquels le voisinage des nouveaux ports donne une très-grande valeur.

Pour aborder Marseille, et y établir sa gare d'arrivée, la Compagnie du Midi aura donc à opter entre deux difficultés à peu près insolubles :

Si elle veut établir sa gare d'arrivée sur un point rapproché de la ville et des ports, elle ne pourra éviter d'emprunter des terrains extrêmement précieux, qu'il serait beaucoup plus sage de réserver pour les établissements que réclame le voisinage des ports, et dont l'aliénation constituerait un très-grand acte d'imprévoyance.

La Compagnie du Midi sera donc forcément amenée à construire sa gare à une distance considérable de la ville et des ports ; et même dans cette situation reculée et incommode, elle aura grande peine à réunir les espaces nécessaires à un bon aménagement de gare.

Ce n'est pas tout, et admettons hypothétiquement que la Compagnie du Midi, à force de sacrifices, réussisse à vaincre cette première difficulté. Les intérêts de Marseille en seront-ils mieux servis? — Nullement. — Nous avons exposé les inconvénients que présentent les gares actuelles de Marseille au point de vue des intérêts et du service de la ville méridionale. Afin de rémédier à cet état de choses, nous soumettons à l'enquête un projet de gare située au sud de la ville, et reliée à la ligne principale par un embranchement de ceinture. — Or la Compagnie du Midi, forcément confinée dans la région du nord-ouest, n'a aucun moyen ni aucun motif d'aborder le sud de Marseille. — Quels voyageurs, quelles marchandises irait-elle chercher de ce côté ? — Une gare située au sud n'a de raison d'être qu'à la condition de devenir tête de ligne dans la direction de Toulon et de Nice, et de servir d'auxiliaire et de dégagement à la gare principale de Saint-Charles. Il faut donc, de toute nécessité, que cette gare appartienne à la Compagnie de la Méditerranée ; — dans les mains de la Compagnie du Midi, elle serait une superfétation, un non-sens.

Ainsi, et à quelque point de vue que l'on se place, dépense, nature du sol, importance des localités desservies, obstacles vaincus ou évités, dégagement de la ligne principale, abords de Marseille, etc., le projet de ligne littorale ne saurait soutenir de comparaison avec l'ensemble des projets présentés par la Compagnie de la Méditerranée.

IV

Utilité prétendue de la ligne littorale.

Inutilité d'une exploitation indépendante et unique entre Bordeaux et Marseille.

Il nous paraît impossible que la Compagnie du Midi se fasse illusion sur l'infériorité de ses projets au point de vue de l'utilité générale ou locale. Aussi invoque-t-elle des considérations d'un autre ordre, et sur lesquelles il nous reste à nous expliquer.

La Compagnie du Midi, nous dit-on, attache un extrême intérêt à se rendre indépendante de la Compagnie de la Méditerranée. Le trafic actuel entre Cette et Marseille est, il est vrai, sans importance, mais les choses changeront de face lorsque la Compagnie du Midi abordera directement et sur ses propres rails le port de Marseille ; — que la Compagnie du Midi soit mise en situation de supprimer les transbordements et les ruptures de charge à Cette ; — qu'elle devienne seule maîtresse des tarifs entre Bordeaux et Marseille, — et elle se fait fort de développer le trafic dans des proportions pour ainsi dire illimitées.

Tel est, fidèlement résumé, tout le système de la Compagnie du Midi.

Ainsi, on ne méconnaît pas, on ne saurait méconnaître que le trafic direct entre Cette et Marseille est aujourd'hui sans importance réelle.

Admettons qu'une ligne directe, — qu'une exploitation *indépendante* (c'est la formule adoptée) — réussisse, en détruisant toute concurrence de terre et de mer, à absorber *tout le trafic*, aussi bien celui qui a appartenu jusqu'ici à la voie ferrée, que celui du cabotage ; — dans cette hypothèse extrême, le produit kilométrique atteindra, tout compte fait, 10,000 francs par kilomètre ! — Assurément nous voilà bien loin des pompeuses espérances dont on se flatte.

Aussi la Compagnie du Midi rejette-t-elle avec dédain ces mesquines réalités, pour se livrer à des calculs plus flatteurs. Non-seulement elle parviendra à développer le trafic local, mais elle compte surtout sur le transit international! L'Italie, l'Espagne, l'Angleterre, les régions d'outre-mer, deviendront les tributaires de sa ligne de Bordeaux à Marseille, et le moins qu'elle puisse espérer sur la ligne littorale, c'est un produit kilométrique de 41,000 francs (1).

Nous croyons que le bon sens public n'a pas attendu jusqu'à ce moment pour faire justice de ces exagérations, et il ne nous paraît pas nécessaire d'insister beaucoup à cet égard. — Il ne serait pas moins inutile d'aborder ici la fameuse théorie des trois grands ports de Bordeaux, Marseille et Barcelone. Car, à vrai dire, et à serrer la question de près, il importe fort peu que ces magnifiques calculs reposent sur des données plus ou moins sérieuses, et ce n'est pas là qu'est le siége de la question.

Aussi, pour peu qu'on y tienne, accepterons-nous comme parfaitement assurés les magnifiques résultats dont on se flatte. Cela fait, la thèse de la

---

(1) NOTA.— Nous avons vérifié ces calculs et démontré leur exagération dans un travail spécial auquel nous empruntons seulement quelques données :

1° *La ligne directe transportera, dit-on, en moyenne, 600,000 tonnes par kilomètre!* — C'est atteindre du premier coup le tonnage kilométrique de l'ancien réseau de Paris-Lyon-Méditerranée qui ne s'élève pas au-dessus de 640,000 tonnes !

2° Les seuls transports de bestiaux s'élèveront, sur les 160 kilomètres de la ligne directe, à un total de 781,000 fr. C'est à très-peu près la somme obtenue sur les 1400 kilomètres de l'ancien réseau de Paris-Lyon-Méditerranée !

3° Le trafic maritime entre Marseille et Barcelone est de 27,000 tonnes ; non-seulement la Compagnie du Midi se les approprie, mais elle en porte arbitrairement le chiffre à 150,000 tonnes, et s'en attribue 50,000 !

4° La Compagnie du Midi crée également, de son autorité privée, un mouvement de 230,000 tonnes de sel entre Cette et Marseille, qu'elle attribue à sa ligne directe. Or, personne n'ignore que les produits des salins du Midi ne se dirigent pas sur Marseille, mais sur l'intérieur. Le sel remonte le Rhône, et est resté l'aliment le plus important de la navigation fluviale. La ligne directe n'a à peu près rien à attendre de ce côté.

5° Les Mines de Graissessac fourniront à la ligne littorale 150,000 tonnes de houille en roche! C'est une assez jolie proportion sur les 172,000 tonnes de houille qui se consomment à Marseille !

A qui pense-t-on faire illusion par de semblables calculs ? Assurément ce ne peut être aux Commissions d'enquête.

Compagnie du Midi n'aura rien gagné encore, et il restera à démontrer que ces résultats sont inconciliables avec la conservation des deux réseaux indépendants.

Où est la preuve, en effet, qu'il soit nécessaire de nous déposséder, au profit de la Compagnie du Midi, de la ligne de Cette à Marseille? Dans quel but? Dans quel intérêt?

On nous répond : La Compagnie du Midi, *quand elle sera seule maîtresse de l'exploitation*, aura à sa disposition deux grands moyens sans lesquels il lui serait impossible de développer, comme elle s'en flatte, le trafic de Bordeaux à Marseille. Il faut qu'elle soit en mesure de supprimer tout transbordement, toute rupture de charge à Cette. Il faut qu'elle reste seule maîtresse de ses tarifs, et que sa liberté à cet égard ne soit pas gênée par l'intervention d'un intérêt étranger.

Supprimer tout transbordement et toute rupture de charge à Cette! — Mais rien n'est plus facile, et il n'est pas nécessaire, pour réaliser cette amélioration, de construire une nouvelle ligne entre Cette et Marseille, ni de dépenser 70 millions. Nous l'avons offert, et nous l'offrons encore : — Dès que la Compagnie du Midi aura posé sa seconde voie, nous sommes prêts à établir le nombre nécessaire de trains de voyageurs, à la vitesse réglée par la Compagnie du Midi sur sa propre ligne, sans transbordement ni interruption à Cette, ni ailleurs. — Nous admettrons également, dès que son matériel, ainsi qu'elle l'annonce, aura été convenablement modifié, le parcours réciproque des wagons d'une extrémité à l'autre des deux lignes, sans rupture de charge à Cette, ni ailleurs. — Or, rien n'est plus facile que de régler de semblables dispositions, et les choses ne se passent pas autrement à tous les points de soudure des divers réseaux, non-seulement de chemin français à chemin français, mais encore de chemin français à chemin étranger.

Restent les tarifs.

La Compagnie du Midi ne veut souffrir aucune gêne en fait de tarifs. *Elle entend pouvoir les manier à son gré entre Bordeaux et Marseille sans intervention d'un intérêt étranger.*

Nous ne voulons pas examiner ici jusqu'à quel point une telle prétention peut paraître excessive ; cela importerait peu à notre démonstration.

Mais ce qui nous importe davantage, c'est de savoir dans quel but et dans quel intérêt la Compagnie du Midi entend exercer cette souveraineté.

Il nous est impossible d'admettre que la Compagnie du Midi puisse vouloir autre chose qu'établir, entre Bordeaux et Marseille, et non-seulement sur le parcours entier, mais sur toutes les fractions du parcours, des tarifs *modérés et équitablement répartis*. C'est là qu'est l'intérêt public! le seul intérêt avouable !

Mais, cette fois encore, il est parfaitement inutile, pour atteindre ce résultat, de créer une *exploitation indépendante;* et puisqu'il s'agit d'une économie à obtenir sur les tarifs, la dépense préalable d'un chemin de fer de 70 millions nous paraît un fâcheux point de départ. Car, enfin, ce capital, il faudra sans doute le rémunérer? et comment le rémunérer sans élever les tarifs !

La Compagnie du Midi peut arriver au même but à de bien moindres frais, au moyen de *tarifs communs.* — Or nous sommes prêts à accepter un tarif commun pour tout le trafic dirigé de la ligne du Midi sur Marseille, et réciproquement, en laissant à la Compagnie du Midi le soin *exclusif* de régler ce tarif commun. De plus, nous nous soumettons à réduire, *dès à présent,* à 160 kilomètres (longueur du tracé littoral), la distance tarifée entre Cette et Marseille. — Telle est la déclaration que nous avons déjà faite à plusieurs reprises, et que nous renouvelons encore. Le but de la Compagnie du Midi est donc atteint; et la voilà maîtresse, non-seulement de *ses* tarifs, mais encore des *nôtres*. Que lui faut-il de plus?

La Compagnie du Midi n'a pas répondu, et ne répondra pas à ces offres, qui couperaient court à toute difficulté, s'il s'agissait réellement et sincèrement d'un grand intérêt public à satisfaire. Mais ce n'est pas là ce qui préoccupe la Compagnie du Midi, elle a une arrière pensée, et c'est une pensée de monopole. Ce qui nous reste à dire ne laissera aucun doute à cet égard.

V

Du monopole et de la concurrence.

Du monopole et de la concurrence.

Les défenseurs officiels et officieux de la Compagnie du Midi ont, les premiers, imprudemment jeté dans la discussion ce gros mot de monopole. Si la Compagnie du Midi tient à devenir maîtresse d'une ligne continue entre Bordeaux et Marseille, c'est, a-t-on dit, afin de s'affranchir elle-même et d'affranchir les populations méridionales du monopole que la Compagnie de Paris à Lyon et à la Mediterranée exerce sur elles.

Telle est l'accusation qu'on s'est plu à lancer contre nous, dans l'espoir, sans doute, de la voir accueillir par le public, sans discernement ni examen.

Et d'abord, en thèse générale, quelle est la valeur de ce reproche de monopole adressé à un chemin de fer? — Veut-on parler du monopole qui s'exerce par rapport aux anciens procédés de transport : au roulage, aux messageries, aux maîtres de poste, etc., etc.? — Imputer à grief à un chemin de fer de s'être substitué aux anciennes entreprises, ou, pour rester dans la vérité des faits, de les avoir transformées, autant vaudrait lui reprocher d'exister! — Évidemment ce n'est pas de ce monopole qu'il s'agit.

Mais le monopole s'exerce, dira-t-on, lorsque, dans une direction donnée, un chemin de fer n'a à compter avec aucune concurrence. Or cette concurrence peut exister de deux manières : 1° lorsque deux, ou un plus grand nombre de voies ferrées, suivent la même direction; 2° lorsqu'il existe, parallèlement à la voie de fer, une ou plusieurs voies navigables : telles que fleuves et rivières, canaux, et enfin la mer. Hors ces deux cas, le trafic n'étant pas **disputé par une concurrence**, il y a monopole.

Le système de la concurrence des chemins de fer les uns par les autres, a eu ses partisans; il a même failli prévaloir. Mais, en 1857, on a reculé devant cette périlleuse expérience, et c'est le système des réseaux qui a prévalu.

C'est à cette époque, en effet, que les deux grandes lignes de Paris à Lyon, l'une par le Bourbonnais, l'autre par la Bourgogne, ont été concédées à notre Compagnie.

Il en a été de même pour chacun des quatre autres grands réseaux : l'Est, le Nord, l'Orléans, l'Ouest possèdent tous, en effet, des lignes plus ou moins parallèles, plus ou moins contiguës, et qui, dans des mains différentes, auraient pu se faire concurrence, et favoriser ce que, dans la langue des chemins de fer, on nomme les détournements. Le Gouvernement ne l'a pas voulu. Ayant à opter entre le système de la concurrence et celui des réseaux, il s'est prononcé pour ce dernier système. En agissant ainsi, il a répondu à une pensée vraiment politique : il a voulu fortifier la situation et le crédit des Compagnies, et, par là, les mettre en situation de se charger des lignes improductives, et d'achever le réseau français.

Est-ce à dire qu'en se prononçant ainsi pour le système des réseaux, le Gouvernement ait entendu mettre le commerce et le public à la merci des Compagnies ? En aucune manière. Non-seulement les cahiers des charges y ont pourvu, mais la surveillance administrative s'exerce dans des conditions de sévérité et de vigilance qu'aucune concurrence ne saurait assurément suppléer.

Mais, quand il s'agit des canaux et des voies navigables, le système du Gouvernement se modifie du tout au tout, et sa politique consiste à encourager la concurrence que la navigation intérieure peut faire aux chemins de fer. Rachat de canaux ; abaissement ou suppression des péages ; amélioration des rivières et des fleuves, etc., toutes les mesures de l'Administration tendent à un but unique : réduire le prix des transports par eau à leur plus extrême limite, et, par ce procédé, réagir sur les tarifs des chemins de fer, et en forcer l'abaissement au profit du public.

Nous n'avons pas à apprécier ici cette double tendance de l'administration en matière de transports. Si elle blesse nos intérêts dans une certaine mesure, elle se justifie pas des considérations que nous savons respecter. — Il nous suffit de la constater, et d'en déduire les conséquences que nos lecteurs ont déjà pressenties.

Au point de vue de la concurrence des voies navigables, aucune Compagnie n'a plus à lutter que la nôtre :

Entre Marseille et Lyon, Lyon et Châlon, Laroche et Paris, notre ligne rencontre les voies concurrentes du Rhône, de la Saône, de l'Yonne et de la Seine.

Entre Châlon et Laroche, Dijon et Belfort, Paris et Nevers, Nevers et Roanne, nous rencontrons également les canaux appartenant à l'Etat, et dont le péage est aujourd'hui presque nul.

Mais nulle part cette concurrence de la navigation ne s'exerce dans des conditions plus défavorables pour nous qu'entre Cette et Marseille ; c'est là que nous rencontrons un cabotage extrêmement actif, et contre lequel nous n'essayons même pas de lutter. Les bateaux à vapeur y transportent la marchandise au prix de 6 francs la tonne, et les bateaux à voile à un prix encore inférieur. Or ce prix correspond, pour les deux cents kilomètres de notre parcours actuel entre Cette et Marseille, à 0,03 centimes par kilomètre. — Singulier monopole assurément, et qui justifie hautement, on en conviendra, l'intervention libératrice de la Compagnie du Midi.

Quelle est au contraire la situation de la Compagnie du Midi, par rapport aux voies navigables ?—Sa ligne principale de Bordeaux à Cette s'établit, il est vrai, dans toute sa longueur, parallèlement à une magnifique et excellente ligne de canaux. Seulement la Compagnie a réussi à s'assurer l'exploitation de ces canaux, et, loin d'avoir à redouter leur concurrence, elle s'en sert au contraire pour relever, ou tout au moins pour maintenir les tarifs de la voie ferrée.

Nous trouvons dans un document qui nous est communiqué la comparaison suivante entre les tarifs actuellement appliqués tant sur le canal que sur le chemin de fer. Ces tarifs étant ceux des marchandises les plus usuelles, telles que blés, bois de teinture, cafés, garances, savons, sels de soude, vins et alcools, il nous est permis de les prendre pour types :

		PAR CANAL.		PAR CHEMIN DE FER.	
	Béziers...............	5	»	5	10
	Narbonne.............	8	25	7	»
	Carcassonne	11	»	10	40
	Castelnaudary.........	14	»	13	35
Cette à	Toulouse	17	»	17	»
	Montauban............	19	87	19	55
	Moissac	20	17	20	»
	Agen	23	49	22	»
	Bordeaux.............	27	07	27 et 20 pour le transit.	

Ainsi, sur tous les points, et dans toutes les directions, le tarif du canal est sensiblement plus élevé que celui du chemin de fer.

Supposons au contraire les canaux du Midi dans les mains de l'Etat, comme tous les autres canaux français, et comparons le péage de la Compagnie aux péages de l'Etat. Voici quel sera le résultat de cette comparaison :

		CANAUX DE L'ÉTAT.	CANAL LATÉRAL A LA GARONNE.	CANAL DU MIDI.
	1re classe.....	2 centimes.	3 1/2 centimes.	5 à 6 centimes.
	2me classe.....	1 —	3 1/2 —	5 — —
Par exception.....	Sel marin.....	1 —	2 1/2 —	4 — —
	3me classe.....	1/2 —	3 1/2 —	5 — —
Par exception.....	Charbon de bois	1/2 —	2 1/2 —	3 — —
	4me classe....	1/4 —	2 1/2 à 3 1/2	2 à 5 —

Appliquée au parcours total de 439 kilomètres, la différence sera :

	TARIF DES CANAUX DE LA Cie DU MIDI.	TARIF DES CANAUX DE L'ÉTAT.	DIFFÉRENCE.
1re classe.....	19 04	8 78	10 26
2me classe.....	19 04	4 39	14 65
3me classe....	19 04	2 20	16 84
4me classe.. ..	9 75 à 19 04	1 10	8 65 à 17 94

Nous sommes donc autorisés à affirmer qu'entre les mains de la Compagnie du Midi, les tarifs des chemins de fer et des canaux sont combinés de manière à diriger *forcément* les transports sur le chemin de fer.

La voie navigable y est complétement sacrifiée à la voie ferrée. Aussi les canaux sont-ils à peu près abandonnés, et ne conservent d'autres transports que ceux dont le chemin de fer veut bien leur faire la concession, par pur respect humain, et afin de leur laisser une apparence de circulation et d'activité.

Si nous avons suivi jusqu'au bout cette comparaison entre la situation de la Compagnie du Midi et la nôtre, au point de vue de la concurrence des voies navigables, ce n'est pas pour la vaine satisfaction de mettre le langage de la Compagnie du Midi en contradiction avec ses actes, et de faire ressortir jusqu'à quel point est déplacée la prétention qu'elle affiche de poursuivre l'*affranchissement* des tarifs. — Si même il s'agissait uniquement des intérêts du public, nous ne nous croirions peut-être pas le droit de prendre en mains et pour ainsi dire d'office, une cause qui doit trouver ailleurs ses avocats naturels et mieux autorisés. — Mais on ne saurait nous refuser le droit d'intervenir, en notre nom personnel, et pour la défense de nos intérêts propres. — Or la réunion dans les mains de la Compagnie du Midi du chemin de fer et de la voie navigable, et la surélévation des tarifs sur les canaux qui en est la conséquence, nous atteignent et nous lèsent dans nos intérêts les plus immédiats. — Dans l'impossibilité où nous sommes de tout dire et de tout relever (ce qui excéderait les bornes que nous devons nous assigner), on nous permettra du moins un exemple :

Lorsque, arrivées au point de bifurcation du chemin de fer et des canaux, nos réexpéditions se trouvent en présence d'un prix surélevé sur les canaux et d'un prix moindre sur le chemin de fer, aucun choix, aucun débat de prix ou de conditions ne nous est possible, et les réexpéditions sont forcément dirigées sur la voie ferrée.

Mais, au contraire, lorsque les réexpéditions du chemin du Midi arrivent à Cette, qu'y trouvent-elles ? — A gauche, notre chemin de fer et ses tarifs, forcément, obligatoirement immobiles ; — à droite, la navigation et ses frets si facilement réductibles, si élastiques, si libres. La Compagnie du Midi peut donc faire ses conditions, et verser du côté de la navigation tout le trafic dont elle veut nous priver ; — et c'est ainsi en effet qu'elle nous enlève la presque totalité, sinon la totalité du trafic en destination de son réseau sur Marseille, nos lignes ne recueillant que ce que la concurrence ne pourrait en aucun cas leur enlever. Car, nous devons le dire, et c'est un fait notoire à Cette et à Marseille, toutes les préférences *actuelles* de la Compagnie du Midi sont pour la navigation, qu'elle subventionne et favorise par tous les moyens et sous toutes les formes ! — C'est son droit, et ce n'est pas là ce dont nous nous plaignons ; — mais la lésion, mais le dommage, résultent pour nous du défaut de réciprocité, et cette réciprocité n'existera que lorsque l'État sera rentré en possession des canaux.

Nous avons cité cet exemple tiré des réexpéditions, non comme le plus saillant, mais parce qu'il nous a paru plus aisément saisissable pour nos lecteurs. — Nous pourrions citer encore bien d'autres faits, et montrer sous combien de formes diverses et dommageables la réunion dans les mains de la Compagnie du Midi du chemin de fer et des canaux, est devenue pour notre trafic méridional une cause d'impuissance ou d'infériorité.

Mais il faut se borner.

Nous n'avions pas cru jusqu'ici qu'il fût à propos de porter devant le public ces discussions, qui le touchent peu, et dont il ne comprend pas toujours l'influence sur ses propres intérêts. Mais, en présence de cette inqualifiable accusation de monopole, qu'on n'a pas craint de porter contre nous, le silence ne nous est plus permis, et nos réclamations, pour avoir été longtemps contenues, n'en seront ni moins légitimes, ni moins écoutées.

Maintenant qu'arrivera-t-il, si, à la double possession de la ligne de fer et des canaux entre Bordeaux et Cette, la Compagnie du Midi réussit à ajouter la ligne de Cette à Marseille? Le résultat de cette combinaison ne saurait être douteux, et la Compagnie du Midi absorbera bientôt, et sans de grands efforts, tout le trafic actuel du cabotage entre Cette et Marseille; et voici comment :

Une fois maîtresse d'une ligne continue de Bordeaux à Marseille, il suffit à la Compagnie du Midi, pour détruire toute concurrence de mer, d'établir entre Bordeaux et Cette d'une part, Bordeaux et Marseille de l'autre, soit un prix unique, soit des prix très-peu différents. Dès que l'écart entre les deux prix deviendra inférieur aux frets de la navigation, et ne laissera à cette dernière qu'une marge insuffisante, il est évident que le cabotage ne pourra plus lutter, et que le commerce perdra toute option entre le chemin de fer et la mer. — La concession d'une ligne continue de Bordeaux à Marseille entre les mains de la Compagnie du Midi deviendra donc une arme nouvelle contre toute concurrence de terre et d'eau, ajoutée à toutes celles que possède déjà cette Compagnie; et nous sommes, quant à nous, très-convaincus que le décret qui lui accordera cette concession frappera à mort la marine de Cette.

Et nous ne disons pas seulement le cabotage de Cette, mais sa marine tout entière. En effet, toute la prospérité actuelle du port de Cette est basée sur un avantage de situation. Ce qui lui donne son importance, même à côté de Marseille, c'est de mieux servir un certain nombre de nos départements méridionaux, et de procurer à toute une région de la France une économie de transports sur les voies intérieures. Que cette économie disparaisse, que notamment, il en coûte le même prix de Bordeaux à Marseille et de Bordeaux à Cette, dans ce cas, la considération d'économie s'évanouit, et l'attraction de Marseille, de ses grands établissements maritimes, de ses facilités de réexpédition, de ses capitaux, etc., s'exerce alors d'une manière irrésistible? —

Le jour qui verra le nivellement des prix de transport entre Bordeaux–Cette et Bordeaux–Marseille, verra donc aussi la ruine de la marine de Cette. — Est–ce là ce qu'on veut? — Et qu'en pense la ville de Cette?

Mais, dit-on, s'il y a abaissement de prix entre Cette et Marseille, le commerce en profitera. — C'est encore une erreur. — La différence consentie sur le parcours entier sera forcément compensée par des relèvements sur les parcours intermédiaires. Oublie-t-on que la Compagnie du Midi aura à rémunérer une dépense supplémentaire de 70 millions! Il y aura donc économie peut-être pour certains intérêts en petit nombre, mais aggravation pour tous les autres. Qu'on tienne pour avéré que le public, pris dans son ensemble, a beaucoup à perdre et n'a rien à gagner dans la concession de la ligne littorale. Aucun homme pratique se s'y trompera, et jamais plus dangereux privilége n'aura été placé dans les mains d'une Compagnie de chemin de fer.

Il nous reste à dire, maintenant, par quelle savante combinaison la Compagnie du Midi a pu se flatter un moment de fortifier encore cette situation. Nous en trouverons l'occasion dans le chapitre suivant, consacré à la question des chemins de fer de l'Aveyron et de l'Hérault.

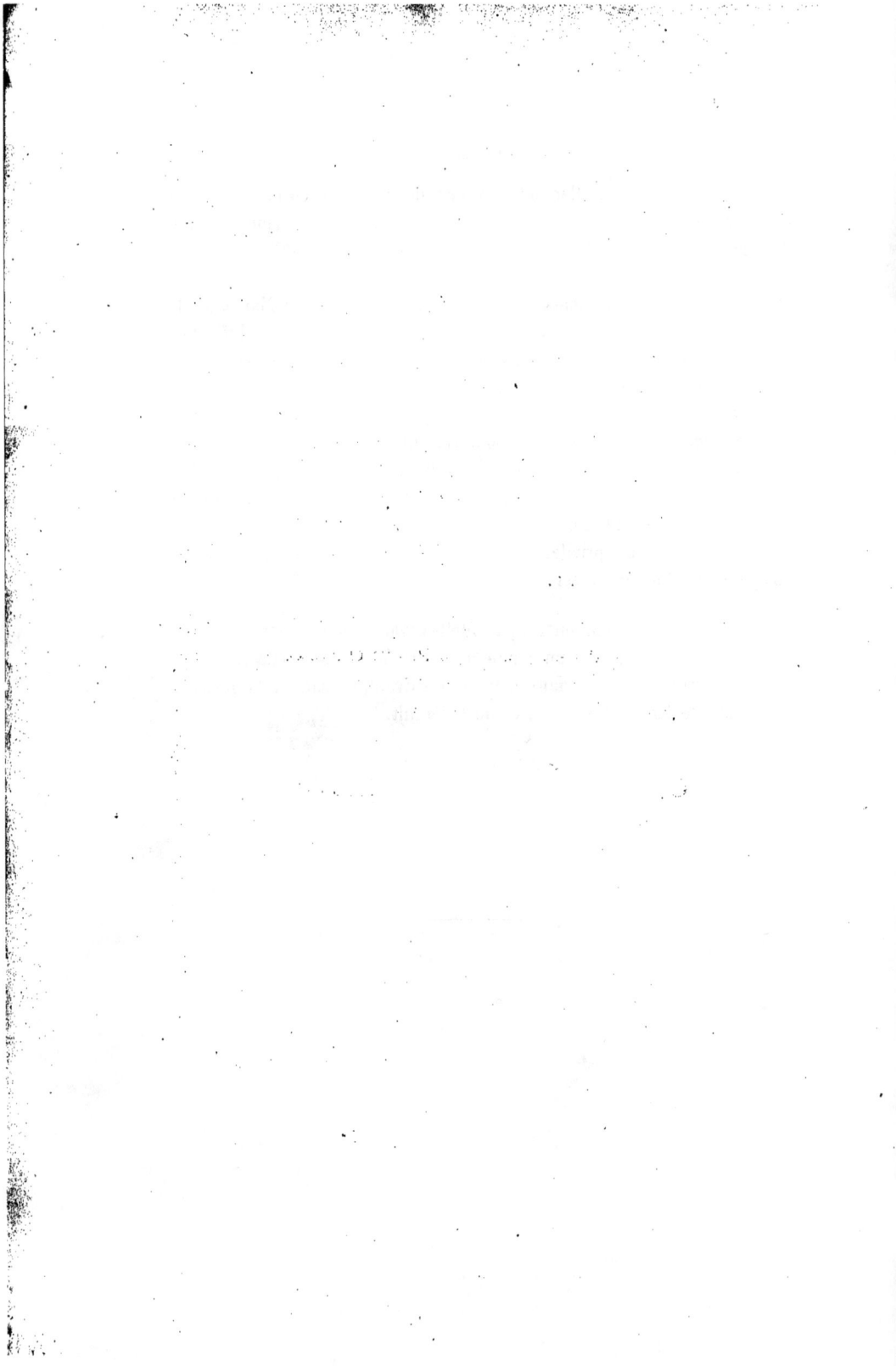

VI

Chemins de fer

de l'Aveyron et de l'Hérault.

Chemin de fer de l'Ardèche.

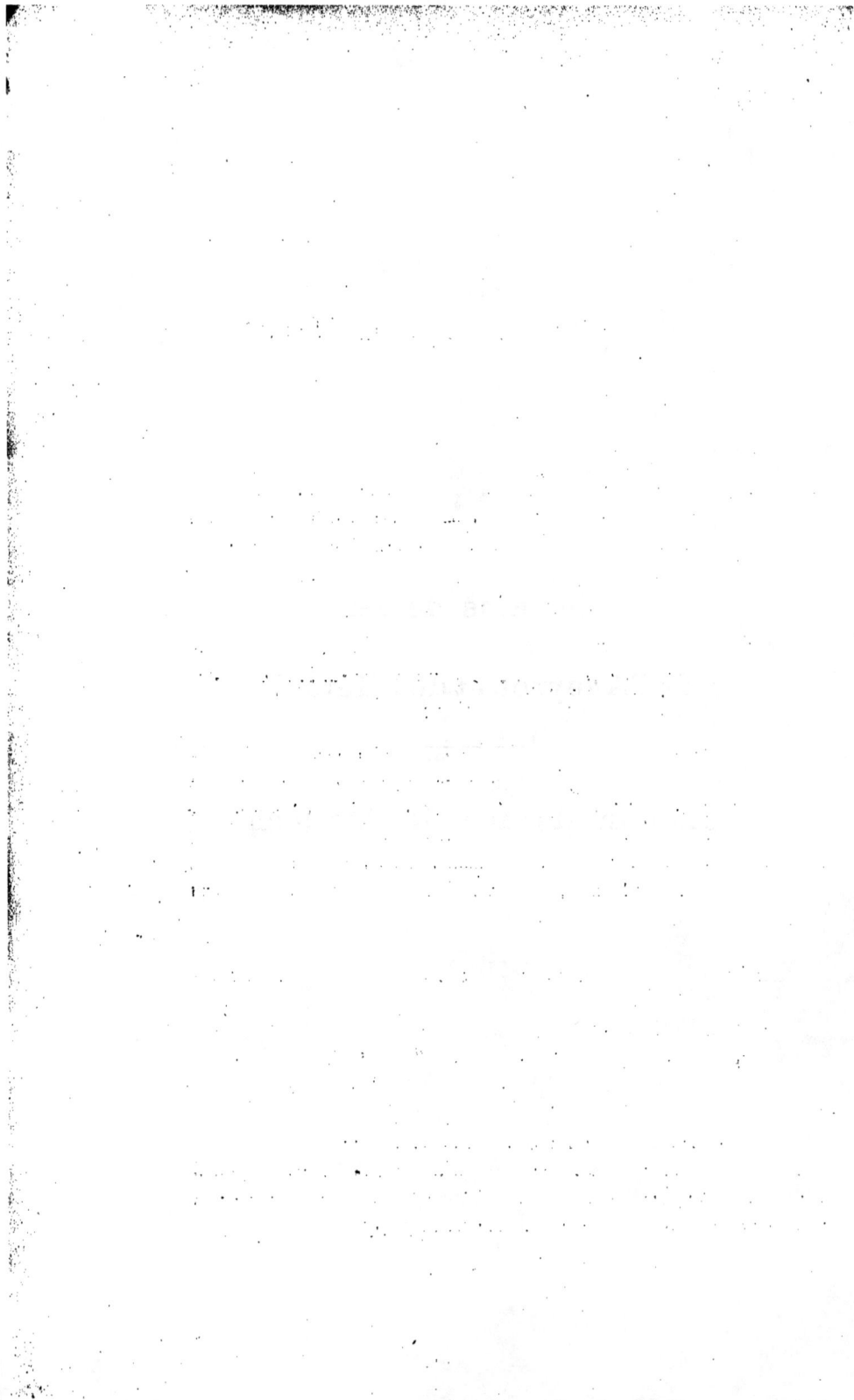

Chemins de fer de l'Aveyron et de l'Hérault.

Les lignes de l'Aveyron et de l'Hérault ont, jusqu'à ces derniers temps, occupé un rôle considérable dans la discussion soulevée par la Compagnie du Midi ; et, bien qu'elles aient aujourd'hui reçu une sorte de solution provisoire, nous ne pouvons éviter de faire connaître pourquoi et comment elles se sont trouvées mêlées au débat.

Les lignes de l'Aveyron ont une importance qui leur est propre ; — mais, de plus, elles peuvent exercer une influence considérable sur la situation respective des Compagnies du Midi et de la Méditerranée.

En effet, nous venons de voir dans le chapitre précédent comment la Compagnie du Midi, maîtresse d'une ligne de fer de Bordeaux à Cette, également maîtresse des voies navigables parallèles à sa voie ferrée, ne pouvait manquer, si elle s'assurait une ligne continue de Bordeaux à Marseille, de constituer à son profit une situation à l'abri de toute concurrence. — Cependant, il faut le dire, malgré toute la force de cette situation, la Compagnie du Midi aurait eu encore un côté vulnérable.

Si l'on jette un coup d'œil sur la carte, on constate aisément que le réseau d'Orléans peut sans difficulté se réunir à notre réseau par une ligne de jonction de Rodez à Lunel par Milhau, et que cette jonction, une fois opérée, **constituerait une seconde ligne de Bordeaux sur Marseille**. Cette Compagnie, qui a ses raisons pour redouter les représailles, avait donc un intérêt, plus ou moins prochain, à s'interposer, s'il était possible, entre les deux Compagnies d'Orléans et de la Méditerranée, afin de se prémunir contre toute éventualité d'entente entre ces deux Compagnies. Il fallait trouver un moyen d'établir entre elles une barrière infranchissable, et ce moyen, la question des chemins de fer de l'Aveyron l'offrait avec un singulier à-propos.

Le réseau de l'Aveyron, tel qu'il a été étudié par le Gouvernement, se compose : 1° d'un tronc commun de Rodez à Milhau ; 2° de deux lignes ou branches, se dirigeant, la première, de Milhau sur Montpellier, par le Vigan et Lunel ; la seconde, également de Milhau sur Montpellier, mais en touchant à Sainte-Affrique, et en empruntant sur une partie de son parcours l'embranchement de Lodève et Clermont sur Agde.

Personne, jusqu'à ces derniers temps, n'avait considéré comme possible la concession simultanée de ces deux lignes, qui étaient, par suite, devenues l'objet d'ardentes compétitions entre les populations intéressées.

Les préférences d'une partie du département de l'Hérault et du département du Gard tout entier se prononçaient pour le tracé par Lunel, et la Compagnie de la Méditerranée était vivement sollicitée d'accepter cette concession.

Une autre partie de l'Hérault, et particulièrement Montpellier, se déclaraient au contraire pour le tracé par Sainte-Affrique et Clermont.

Dans l'Aveyron, les tendances se partageaient. Cependant la grande majorité des intérêts inclinait vers la ligne de Lunel.

La lutte entre ces deux tracés avait pris, surtout dans ces derniers temps, le caractère d'une agitation passionnée.

Dans cette lutte, le rôle de la Compagnie du Midi était tout indiqué. Elle se prononçait pour la ligne de Milhau à Montpellier par Sainte-Affrique et Clermont, et se déclarait prête à exécuter, non-seulement cette ligne, mais encore le tronc commun de Rodez à Milhau.

En poursuivant cette concession, la Compagnie du Midi avait un double but :

1° L'exécution de la ligne de Rodez à Montpellier par Milhau, Sainte-Affrique et Clermont, excluait ou neutralisait la concession du tracé concurrent par Lunel, le seul par lequel la Compagnie de la Méditerranée et celle d'Orléans puissent se rejoindre ;

2° En prenant fait et cause pour le premier de ces tracés, et en se chargeant de l'exécuter, la Compagnie du Midi se créait des adhérents pour son projet de ligne littorale. — Elle avait grand soin, en effet, de mêler les deux questions, se déclarant prête à se charger de la ligne de Rodez à Milhau, mais en tant qu'elle deviendrait concessionnaire de la ligne littorale. — Pas de ligne littorale, pas de ligne de Rodez ! — C'était, de la part de la Compagnie du Midi, à la fois une promesse et une menace !

De là tout le secret des préférences de certaines parties de l'Aveyron et de l'Hérault pour les projets de la Compagnie du Midi; — la ligne littorale ayant enrôlé sous sa bannière tous les partisans de la ligne de Rodez à Montpellier par Sainte-Affrique et Clermont (1).

Telle était la situation il y a quelques semaines ; mais aujourd'hui l'état des choses s'est modifié. Le Gouvernement se montre disposé à concéder, non plus une seule des deux lignes de Milhau à Montpellier, mais toutes les deux à la fois. — S'il est donné suite à cette solution, tout le monde obtiendra satisfaction. L'Aveyron, l'Hérault, le Gard, n'auront plus d'intérêt séparé dans la question.

Toutefois, un point important reste à régler : — A qui les concessions seront-elles données ?

La solution qui nous paraît la plus rationnelle, et que nous croyons avoir prévalu dans les conseils du Gouvernement, serait celle-ci :

Le tronc commun de Rodez à Milhau serait concédé à la ligne d'Orléans, comme dépendance de son réseau central.

La ligne de Milhau à Montpellier, par Lunel, serait réunie à notre réseau de la rive droite du Rhône.

La seconde ligne, c'est-à-dire celle de Milhau à Montpellier par Sainte-Affrique et Clermont, qui traverse la région la plus rapprochée du réseau du Midi, serait rattachée à ce dernier réseau.

---

(1) Notons en passant que, pour mieux intéresser la ville de Montpellier à la cause de la ligne littorale, la Compagnie du Midi lui offrait, à titre d'appoint, un petit embranchement spécial. Montpellier, reliée à la ligne littorale par cet embranchement, aurait joui, aussi bien que Cette, du raccourci de 45 kilomètres ! — Mais ici encore notre ligne de Lunel à Arles donne pleine satisfaction au trafic direct de Montpellier sur Marseille, lequel se réduit d'ailleurs à une quarantaine de voyageurs par jour, et 15 à 18,000 tonnes par an !

Mais la Compagnie du Midi ne s'est pas encore expliquée en ce qui la concerne. — Et il faut bien reconnaître que, si nous devenons concessionnaires de la ligne de Lunel, la Compagnie du Midi n'a plus le même intérêt à se charger de l'autre ligne. — Son intérêt est un intérêt d'exclusion. — Et si, comme nous l'espérons, elle échoue également du côté de la ligne littorale, il peut se faire que la Compagnie du Midi s'autorise de ce rejet pour refuser la concession de la ligne de Milhau à Montpellier par Sainte-Affrique.

Or, nous tenons à rassurer les populations intéressées contre cette défection possible, et nous nous déclarons prêts à nous charger de la ligne dont il s'agit, au refus de la Compagnie du Midi, et aux conditions offertes à cette Compagnie.

Ainsi, et en aucun cas, les intérêts qui se rattachent à la ligne de Milhau à Montpellier, par Sainte-Affrique, ne sont exposés à une déception.

A plus forte raison, sommes-nous prêts à accepter la concession de la ligne de Milhau et Lunel, et à donner par là pleine satisfaction au département du Gard, ainsi qu'aux populations de l'Hérault limitrophes du Gard.

Nos préférences sont, du reste, depuis longtemps acquises à cette ligne, — qui traverse les vallées les plus peuplées et les plus industrieuses des Cévennes, — dessert plusieurs villes d'une véritable importance, telles que le Vigan, Ganges, Saint-Hippolyte, Sauve, Quissac, Sommières, etc., — et enfin abrége de 35 kilomètres le trajet de Rodez sur Nîmes, et de 48 kilomètres sur Marseille.

Ligne de l'Ardèche.

La ligne de Rodez, — Milhau, — Lunel, présente, à un autre point de vue, un intérêt spécial :

La Compagnie de Paris à Lyon et à la Méditerranée est en négociation avec le Gouvernement pour la concession d'une ligne qui, partant d'Alais, se dirigerait sur la vallée du Rhône, par le col de Saint-Jean-le-Centenier et la vallée de l'Ardèche, et irait rejoindre, près du Pouzin, l'embranchement de Livron à Privas. Or, si cette concession se réalise, il suffira d'un em-branchement fort court pour réunir la ligne de Milhau à Lunel à celle de Nîmes à Alais. Ce raccordement facile et peu coûteux créerait, entre le Languedoc et Lyon, une seconde communication, présentant sur la ligne actuelle une abréviation très-considérable et un dégagement des plus utiles.

Pour le Languedoc tout entier, et pour le département du Gard plus parti-culièrement, cette nouvelle communication, dans la direction de la vallée du Rhône et du Nord, serait d'une importance capitale. La nouvelle ligne des-servirait en outre les parties jusqu'ici négligées du bassin d'Alais, et la vallée de l'Ardèche.

A tous ces points de vue, la ligne de l'Ardèche nous paraît devoir figurer au premier rang des futures concessions.

VII

RÉSUMÉ

des Propositions de la Compagnie de Paris à Lyon
et à la Méditerranée.

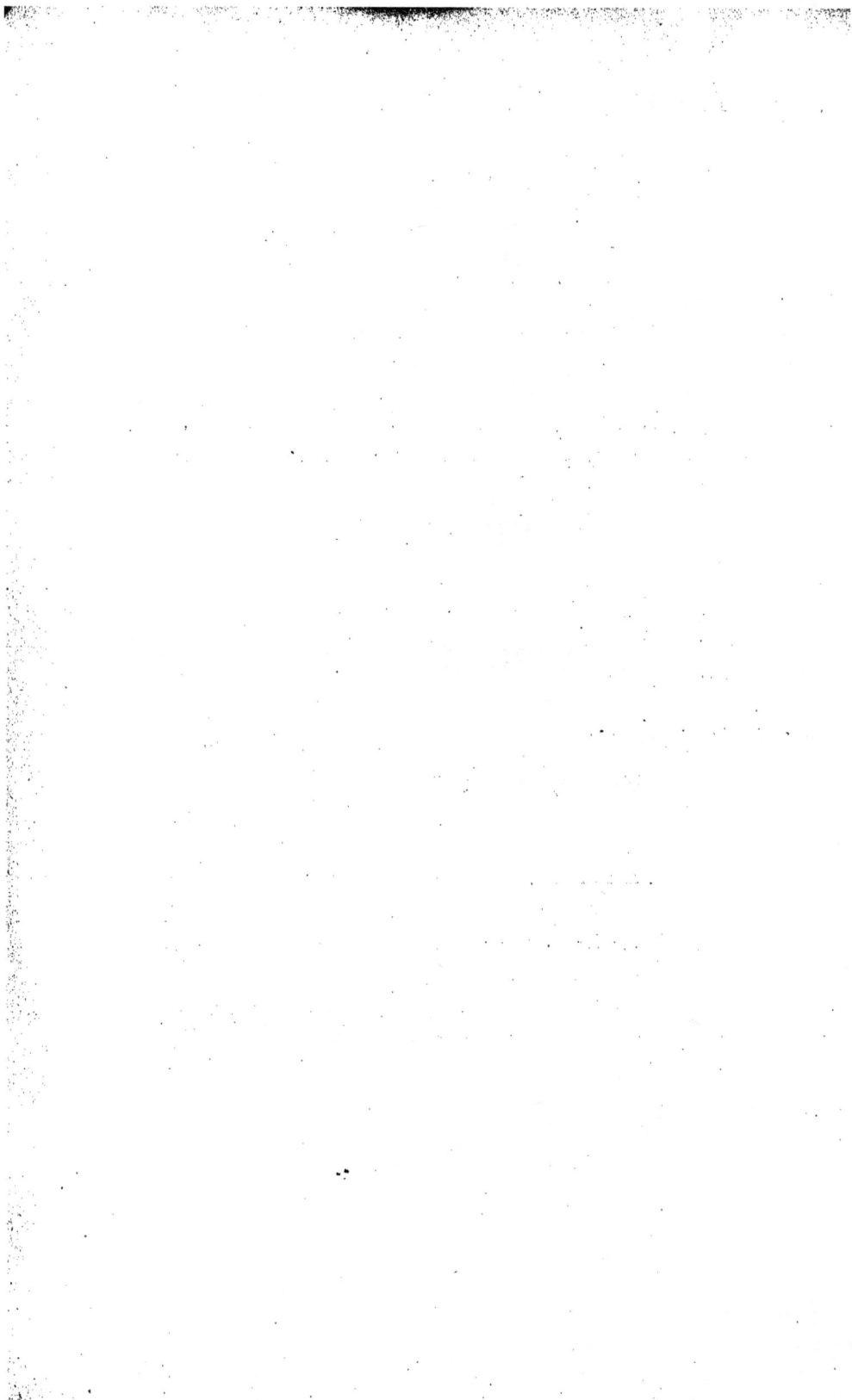

RÉSUMÉ.

Si nous groupons dans leur ensemble les projets et les engagements divers, successivement proposés par nous dans le cours de cet exposé, nous pouvons les résumer ainsi :

§ 1ᵉʳ

Lignes et gares soumises à l'enquête, et destinées à suppléer la ligne littorale, en améliorant et en complétant notre réseau méridional :

Ligne de Lunel à Arles ;

Embranchement du Pas-des-Lanciers à Martigues et à Bouc ;

Ligne de Marseille à Aix, soit directe par le col du Pin, soit par Aubagne et Fuveau ;

Gare de marchandises à l'Estaque, avec raccordement sur les ports de Marseille ;

Gare au sud de Marseille, avec embranchement servant de tête de ligne sur Toulon et sur Nice.

La Compagnie de la Méditerranée offre d'exécuter ces diverses lignes et gares sans subvention.

§ 2.

Lignes de l'Hérault et de l'Aveyron.

La Compagnie offre d'exécuter, également sans subvention, la ligne de Lunel au Vigan, et, moyennant la subvention offerte par le Gouvernement, le prolongement de la même ligne du Vigan sur Milhau.

La Compagnie se déclare prête à entrer en négociation pour la concession d'une ligne d'Alais sur l'embranchement de Livron à Privas, par la vallée de l'Ardèche, avec un embranchement de jonction dans la direction de Lunel sur Alais.

Dans le cas où la Compagnie des chemins de fer du Midi renoncerait à se charger de la ligne de Milhau à Montpellier par Sainte-Affrique et Clermont, la Compagnie offre d'exécuter cette ligne aux conditions proposées par le Gouvernement.

§ 3.

Propositions ayant pour objet d'améliorer l'exploitation entre Bordeaux, Marseille et la ligne.

Dans le but d'améliorer, *dès à présent* et sans attendre la concession des nouvelles lignes, les conditions de l'exploitation entre Bordeaux et Marseille, nous nous engageons à accepter, pour le trafic entre le réseau du Midi et Marseille (voyageurs et marchandises), les tarifs communs réglés par la Compagnie du Midi *exclusivement*, ainsi que les délais et conditions qu'elle aura stipulés pour elle-même.

Nous nous soumettons, de plus, à réduire à 160 kilomètres (longueur du tracé par le littoral) la distance tarifée entre Cette et Marseille.

Enfin, et pour le moment où la Compagnie du Midi aura posé sa seconde voie, nous nous déclarons prêts à établir des trains de voyageurs, à la vitesse qui sera réglée par la Compagnie du Midi sur sa propre ligne, sans transbordement ni interruption d'aucune sorte.

Nous admettons également le parcours réciproque des wagons d'une extrémité à l'autre des deux lignes, sans rupture de charge à Cette ni ailleurs.

VIII

Considérations générales.

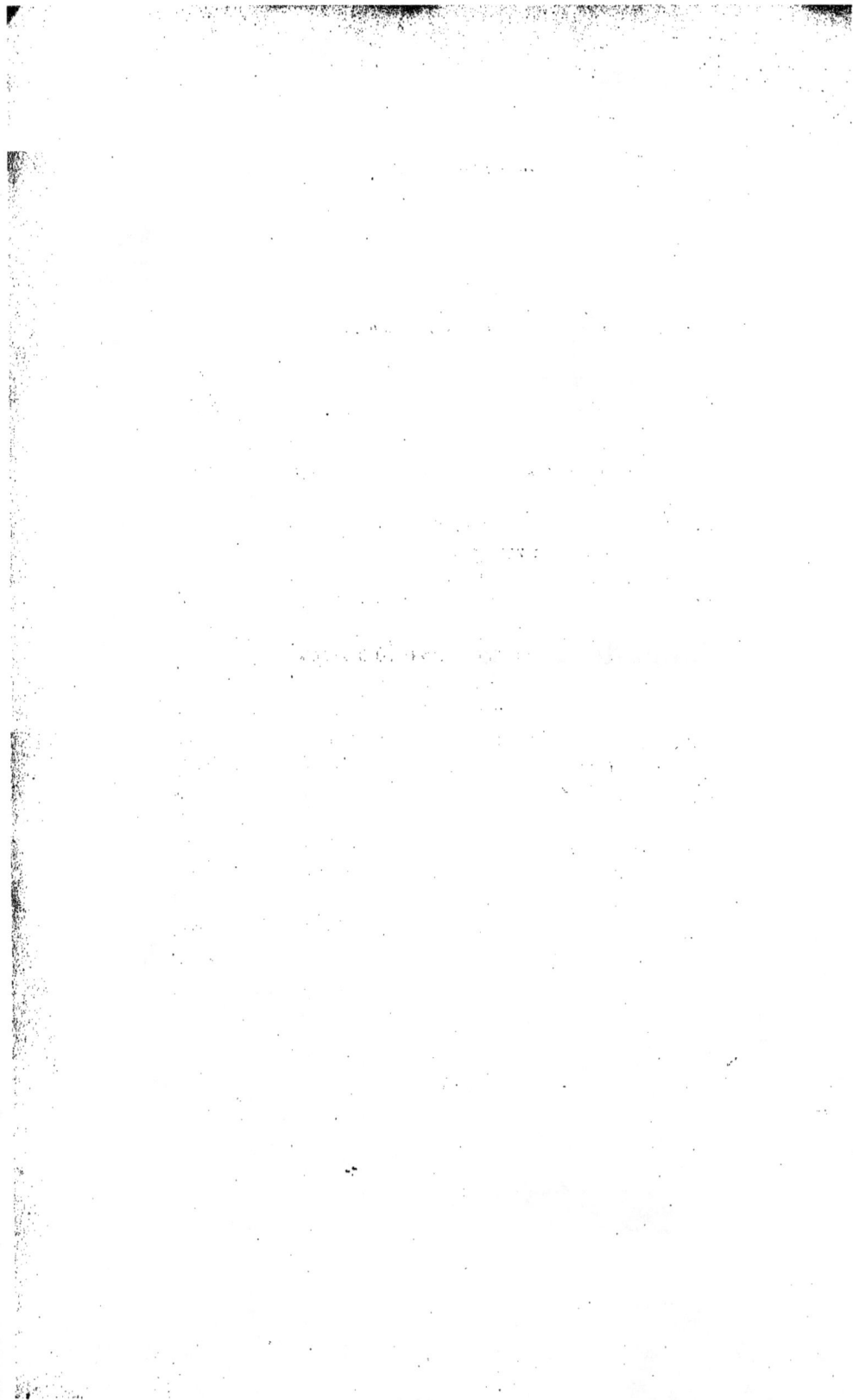

Considérations générales.

A juger de semblables questions d'un point de vue imprévoyant et superficiel, on pourrait croire que le pays a quelque chose à gagner à cette rivalité de deux Compagnies, luttant d'efforts et de millions pour se disputer un tracé. Ce serait une grande et bien regrettable méprise.

On ne suppose pas sans doute que les forces financières du pays, et encore moins celles des Compagnies, soient illimitées, et personne n'ignore que le Gouvernement mesure chaque année, suivant la situation générale et l'état des finances, l'importance et l'application des sommes susceptibles d'être employées en travaux neufs. En admettant que le budget des travaux exécutés par les Compagnies soit annuellement de deux cent cinquante à trois cents millions, c'est tout ce que comportent les ressources de l'épargne et les forces ouvrières disponibles. A ce compte, quinze années sont encore nécessaires pour pourvoir aux quatre milliards que nécessite l'achèvement des lignes classées. Mais si, au lieu de consacrer chaque année ces deux à trois cents millions à l'extension rationnelle du réseau, on en distrait une partie pour doubler, plus ou moins utilement, les lignes existantes, ce prélèvement ne pourra s'opérer qu'au détriment des lignes du deuxième et du troisième réseau, qui attendent avec une si légitime impatience leur rang d'exécution. Ce sera, non-seulement un grand dommage, mais aussi une grande injustice pour les populations ainsi oubliées dans leur isolement actuel.

Le pays seul, en définitive, ferait donc les frais de ces luttes de concurrence. Et, à ce point de vue, il nous est permis de dire qu'il n'existe pas en France une région quelconque, attendant, sollicitant, espérant une ligne de chemin de fer, qui puisse se considérer comme étant sans intérêt dans les questions que nous discutons. Aussi lorsque nous voyons la Compagnie du Midi faire si grand bruit de son prétendu désintéressement, et déclarer qu'elle exécutera la ligne directe *sans subvention*, — nous lui répondons, d'abord qu'elle équivoque, et qu'à raison du jeu des garanties d'intérêt, le nouveau chemin coûtera fort cher au Trésor, — mais encore nous affirmons que ce désintéressement, fût-il sincère, ne s'exercerait qu'aux dépens de l'épargne nationale.

Les soixante-dix millions enfouis dans les déserts que traverse la ligne littorale seraient donc forcément prélevés sur les deux à trois cents millions annuels nécessaires à l'achèvement du réseau français. Et, déjà, il nous sera permis de le déclarer ici, il a suffi que la question fût posée, et que la solution pût paraître douteuse, pour suspendre des concessions de lignes d'un intérêt bien supérieur à la ligne littorale, et qui restent ainsi forcément subordonnées au résultat de la lutte actuellement engagée avec la Compagnie du Midi.

Mais ce n'est pas tout, et, dans un débat de cette nature, les intérêts ne sont pas seuls engagés, et il y a aussi les principes. A ce point de vue, l'agression de la Compagnie du Midi nous apparaît comme un alarmant et dangereux symptôme fait pour inquiéter quiconque en France possède un titre de chemin de fer.

Assurément le système de l'intégrité des réseaux n'a rien d'absolu, et comporte les dérogations que peut exiger un grand intérêt public constaté; mais personne ne saurait méconnaître que cette intégrité reste la garantie principale du crédit des Compagnies, le gage sur lequel repose l'accomplissement de leur immense tâche.

Or, trouve-t-on dans les projets de la Compagnie du Midi ce caractère de nécessité, ou seulement d'utilité incontestée, qui justifie ou autorise les exceptions? — Nous espérons que notre démonstration à cet égard ne laissera de doute à aucun esprit impartial et de bonne foi.

TABLE DES MATIÈRES.

PARIS. IMP. PAUL DUPONT, RUE DE GRENELLE-SAINT-HONORÉ, 45.

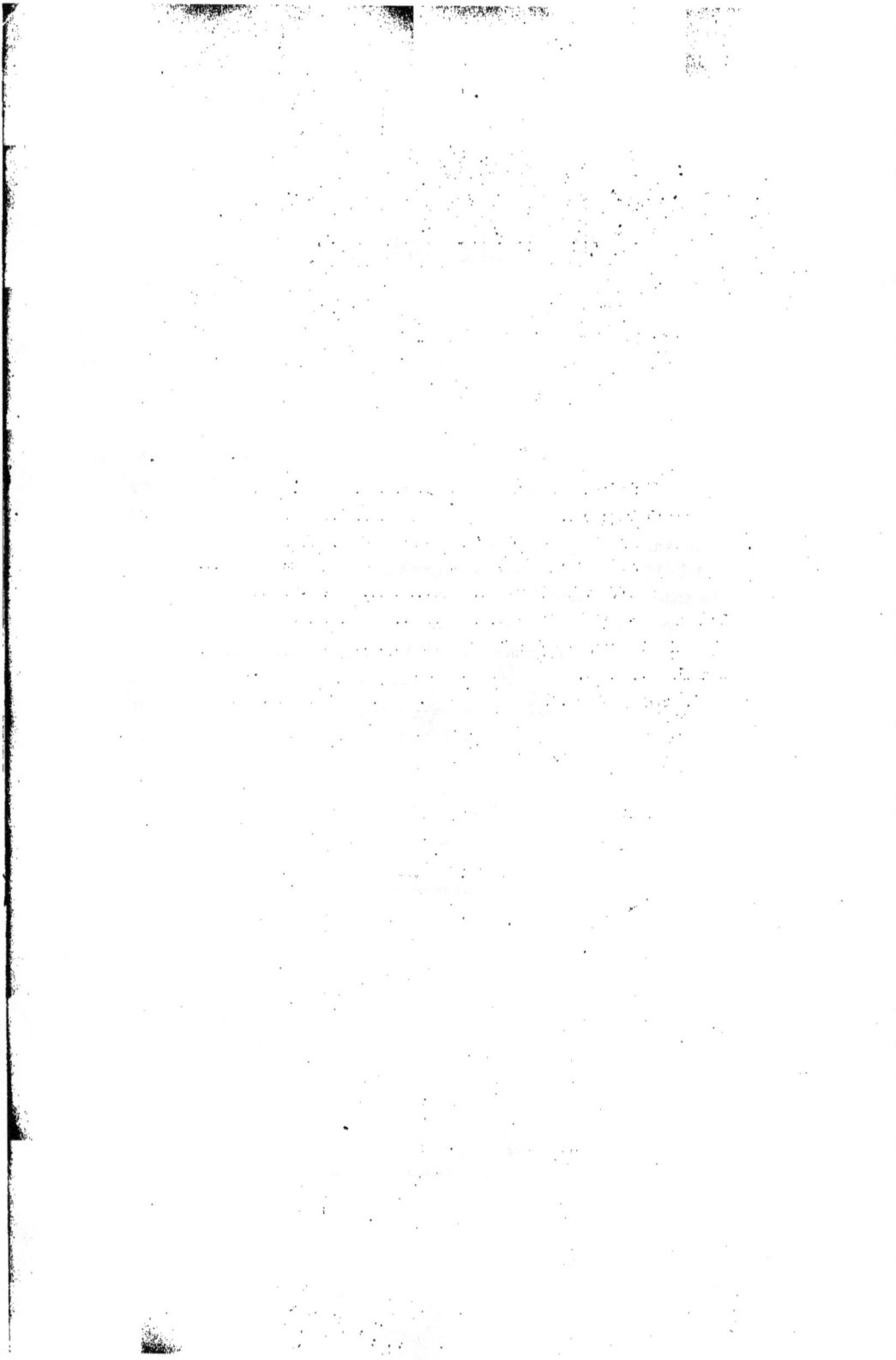

CARTE
pour servir à l'intelligence
des projets mis à l'enquête
sur
LA COMPAGNIE DES CHEMINS DE FER
DE PARIS A LYON ET A LA MÉDITERRANÉE
AOÛT 1862

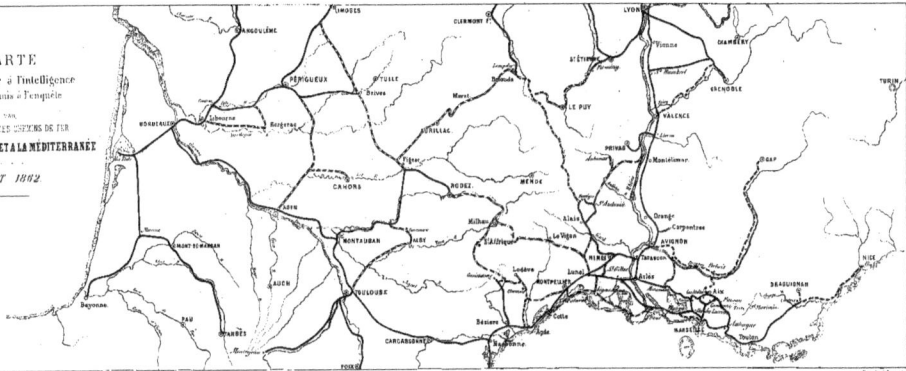

ANGOULÊME LIMOGES CLERMONT F. LYON CHAMBERY

PÉRIGUEUX B.TULLE ST ÉTIENNE GRENOBLE TURIN

BORDEAUX Libourne Bergerac AURILLAC LE PUY VALENCE

CAHORS RODEZ MENDE PRIVAS Montélimar GAP

AGEN MONTAUBAN ALBY Millau Alais Orange Carpentras AVIGNON NICE

MONT DE MARSAN AUCH TOULOUSE Le Vigan NÎMES TARASCON ARLES BRIGNOLLES

Bayonne PAU TARBES CARCASSONNE Béziers MONTPELLIER Lunel AIX MARSEILLE Toulon

FOIX NARBONNE Agde Cette

Légende
Lignes en exploitation
...d.... en construction ou concédées
...d.... projetées mises à l'enquête
...d.... projetées
Ligne littorale proposée par la Cⁱᵉ du Midi

Échelle

Paris, Paul Dupont.

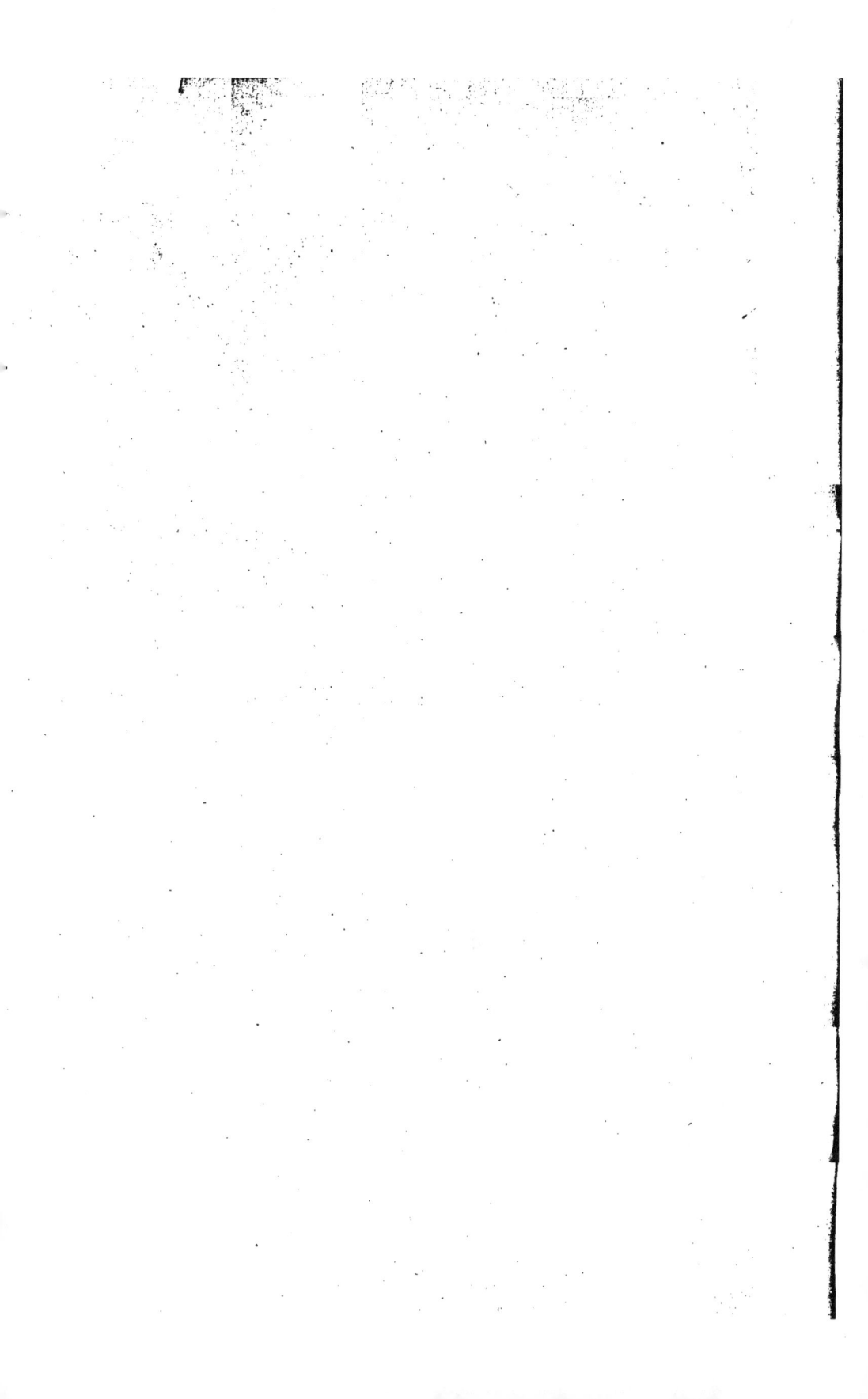